검수사 합격을 위한 필독서

검수사

한권으로 끝내기

SD에듀
㈜시대고시기획

Always with you

사람이 길에서 우연하게 만나거나 함께 살아가는 것만이 인연은 아니라고 생각합니다.
책을 펴내는 출판사와 그 책을 읽는 독자의 만남도 소중한 인연입니다.
SD에듀는 항상 독자의 마음을 헤아리기 위해 노력하고 있습니다.
늘 독자와 함께하겠습니다.

대한민국 수출입 화물의 첨병, 검수사

검수업은 수출입 화물이 송하주로부터 수하주에게 인도되기까지의 선적, 양하, 환적 등 모든 화물의 정확한 개수의 계산, 상태의 확인 및 수도의 증명을 행하며, 화물사고에 따른 선박회사 및 하주의 권익 보호를 위한 객관적인 제3자의 관점에서 공정성과 정확성을 증명하는 공증적 자료로써 검수사에 의해 작성된 검수표에 의하여 무역당사자 간의 분쟁 및 책임의 소재를 명확히 구분, 증명하게 된다.

검수 업무의 경우 1964년부터 검수원, 감정원, 검량원의 시험제도가 도입되면서 전문자격증 시대를 열었다. 1976년에 필기시험과목의 면제 제도가 폐지되었고 1997년 검수원, 감정원, 검량원 명칭이 검수사, 감정사, 검량사로 승격되었다. 비록 1998년 응시자격이 폐지되었으나 특수 업무의 전문성을 요하는 관련 업계와 정부가 그 필요성을 인식하여 2010년 다시 자격제도가 부활하였다.

검수사 자격시험은 1차 필기 시험과 2차 면접 시험으로 구분된다. 필기시험은 검수에 관한 일반적 지식과 영어 2과목으로 진행되며 특히 외국 선박이 입항하고 외국 화물을 다루게 되므로 영어 회화 및 독해 능력은 가히 필수라 할 수 있다. 하지만 원어민 수준의 고급 능력을 요하는 것은 아니며 중학교 수준의 일상적인 회화 등도 시험에 많이 출제되고 있다. 또한 검수 지식도 어렵지 않은 기능사 수준으로 비교적 평이하게 출제되고 있다. 즉 검수 관련 내용이 수록된 도서를 정독하면 합격은 어렵지 않다.

따라서 무엇보다 검수사 시험에 출제되는 이론과 문제가 수록된 교재로 학습하는 것이 가장 효과적이다. 하지만 응시 인원이 적게 유지되다 보니 관련 수험서를 서점에서 쉽게 찾을 수는 없었다. 따라서 검수사를 준비하는 수험생들에게 도움을 드리고자 SD에듀와 함께 1차 필기 시험을 최단기간에 준비할 수 있는 수험서를 집필하였다.

이 교재는 〈검수에 관한 일반적 지식〉과 〈영어〉 두 과목으로 구성되었으며 각 과목당 암기해야 할 핵심 이론과 적중예상문제로 구성하였다. 또한 실전시험을 대비할 수 있도록 최종모의고사와 구술복원문제 그리고 최신기출복원문제를 수록하였다. 이 교재를 통해 그동안 책을 구하지 못해서 힘들었을 예비 검수사들에게 단비가 되길 희망해 본다. 이 교재로 공부하는 모든 수험생들의 합격을 기원한다.

편저자 씀

개요

검수업은 수출입 화물이 송하주로부터 수하주에게 인도되기까지의 선적, 양하, 환적 등 모든 화물의 정확한 개수의 계산, 상태의 확인 및 수도의 증명을 행하며, 화물사고에 따른 선박회사 및 하주의 권익보호를 위한 객관적인 제3자의 관점에서 공정성과 정확성을 증명하는 공증적 자료로써 검수사에 의해 작성된 검수표에 의하여 무역 당사자 간의 분쟁 및 책임의 소재를 명확히 구분·증명하는 업무를 말한다.

수행직무

검수라 함은 선적화물을 적하 또는 양하하는 경우에 그 화물의 개수의 계산 또는 인도·인수의 증명을 행하는 일이다.

시험요강

① 시행처 : 한국산업인력공단(www.q-net.or.kr)

② 시험방법 : 제1차 시험 – 객관식, 제2차 시험 – 면접시험

③ 시험과목 및 시험시간

시험구분	시험과목	문항 수	시험시간
제1차 시험	① 검수에 관한 일반적 지식 ② 영 어	각 25문항 (총 50문제)	50분
제2차 시험	면접시험(1차 시험과목 전반)		

④ 시험일정

구 분	접수기간	시험일자	합격자 발표
2023년 1회 필기	5.8 ~ 5.12 특별 추가 접수기간 6.8 ~ 6.9	6.17	7.19
2023년 1회 면접		8.25	9.20

※ 상기시험 일정은 시행처의 사정에 따라 변경될 수 있으니, www.q-net.or.kr에서 확인하시기 바랍니다.

⑤ 합격기준
  ㉠ 필기시험 : 100점 만점으로 하여 매과목 40점 이상, 전 과목 평균 60점 이상 득점한 자
  ㉡ 면접시험 : 100점 만점으로 하여 60점 이상 득점한 자

기타사항

① 필기시험에 합격한 자가 아니면 면접시험에 응시할 수 없음
② 필기시험에 합격한 사람은 다음 회의 시험에 한하여 그 필기시험을 면제함

응시자격

제한 없음

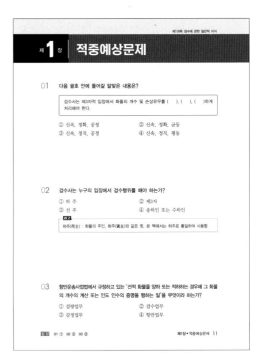

핵심이론

필수적으로 학습해야 하는 중요한 이론들을 각 과목별로 분류하여 수록하였습니다.

시험과 관계없는 두꺼운 기본서의 복잡한 이론보다는 시험에 꼭 나오는 이론을 중심으로 효과적으로 공부하십시오.

적중예상문제

핵심이론에서 시험에 출제될 만한 부분들로 만든 적중예상 문제를 수록하였습니다.

각 문제에는 자세한 해설이 추가되어 핵심이론만으로는 아쉬운 내용을 보충 학습할 수 있도록 하였습니다.

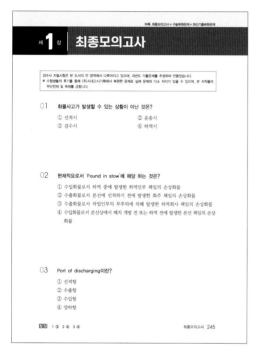

최종모의고사, 최신기출복원문제

최종모의고사와 최신기출복원문제를 수록하여 마무리 점검을 할 수 있도록 하였습니다.
최종모의고사와 최신기출복원문제를 통해 시험 보기 전 부족한 부분을 점검 및 보충하여 한번에 합격할 수 있도록 하였습니다.

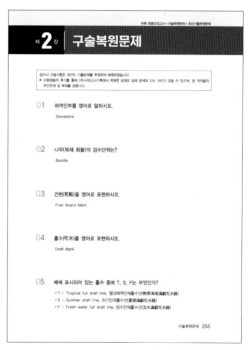

구술복원문제

수험생들에게 직접 입수한 구술복원문제를 수록하였습니다.
수험생들이 구술문제도 대비할 수 있도록 후기들에서 언급된 문제들을 해설과 함께 정리하였습니다.

GUIDE 목 차

제 1 과목

검수에 관한 일반적 지식

검수사 [한권으로 끝내기]

www.sdedu.co.kr

제 1 장 검수업무의 개요

01 검수업무의 정의

(1) 검수업무란?

> ※ 항만운송사업법 : 항만운송에 관한 질서를 확립하고, 항만운송사업의 건전한 발전을 도모하여
>   공공의 복리를 증진함을 목적으로 함
> ※ 항만운송사업 : 항만과 그 주변에서 운송과 관련된 용역을 제공하는 사업
> ※ 항만운송사업의 종류 : 항만하역업, 검수업, 감정업, 검량업

① 검수업무 : 선적화물을 싣거나 내릴 때 그 화물의 개수를 계산하거나 인도·인수를 증명하는 일(항만운송사업법)

> **참고**
> • 적하 : 화물을 선박에 싣는 일
> • 양하 : 화물을 선박에서 내리는 일

② 검수사 : '직업으로서 검수에 종사하는 자'로 정의한다.

[항만운송관련(부대)사업의 정의와 종류]

정 의		항만에서 선박에 물품 또는 역무를 제공하는 사업
종 류	항만용역업	통선업, 줄잡이, 본선경비, 맑은 물 공급, 선박청소, 화물고정, 칠 등
	물품공급업	선박운항에 필요한 물품 및 주·부식의 음식료품 공급, 침구류 및 의류세탁, 선용품 공급 등
	선박급유업	선박용 연료유 공급
	컨테이너 수리업	컨테이너 수리

ⓐ 줄잡이(강취방(綱取防) : 선박이 부두에 접안할 때 선박을 안벽에 고정시
　　키기 위하여 계선주(繫船柱)에 선박으로부터 내려지는 줄을 매거나 선박이
　　이안할 때 그 줄을 푸는 것

> **참고**
> • 이안(離岸) : 배를 안벽이나 육지서 뗌
> • 접안(接岸) : 배를 안벽이나 육지에 댐

　ⓑ 통선업(通船業) : 주로 선원 및 문서 등을 운반하기 위하여 해상에 정박하
　　고 있는 본선과 육지(세관의 통선장)간을 통선(작은배)으로 연락하는 사업
　ⓒ 선박급유업(船舶給油業) : 선박용 연료유를 공급하는 사업
　ⓓ 물품공급업(物品供給業) : 선박 또는 선원이 필요로 하는 선용품(주·부식,
　　기타물품)을 공급하거나 선원의 의류 및 침구류 등을 세탁하는 사업
③ 감정(鑑定) : 선적화물 및 선박에 관련된 증명·조사·감정을 하는 일
④ 검량(檢量) : 선적화물을 싣거나 내릴 때 그 화물의 용적 또는 중량을 계산하거나
　증명하는 일
⑤ 검수업무의 핵심은 검수사가 제3자적 입장에서 공정하고, 신속하며, 정확하게
　현장에서 화물 하나하나에 대한 기호, 개수, 손상종류 등을 조사·확인하여 그
　결과를 검수표에 기록하는 것이다.
　※ 인도·인수의 증명 : 검수사는 위탁자(선사, 하주, 의뢰인 등)를 대신하여 인수·
　　인도하는 장소에서 상대방의 입회하에 정확한 화물의 개수와 상태에 대하여 증빙
　　서류를 통하여 사실을 확인하는 것
　　[인수·인도시 필요한 증명서류]

　　• 화물검수표(Cargo Tally Sheet)
　　• 화물과·부족확인서(Cargo O/S Report)
　　• 화물손상확인서(Cargo Damage Report)

(2) 검수작업의 분류

① 부두측 검수작업
　ⓐ 항만운송사업자가 하주의 의뢰를 받아 선박 또는 화물의 양륙작업이 이루
　　어지는 장소에서 행하는 검수작업

ⓛ 선박회사가 완전한 상태로 화물을 인수했음을 하주측 입장에서 입증하는 행위이다.

② **본선측 검수작업** : 본선화물 양하·적하시 운송인이 계약한 화물의 인도·인수의 완전한 이행을 위해 운송인측 입장에서 검수를 증명하는 행위이다.

③ **컨테이너 화물 검수작업** : 보세장치장(CFS)에서 컨테이너에 화물을 적입하거나 적출할 때 입회하여 수량, 기호, 품명, 외장상태를 점검·확인하여 인도·인수를 증명하는 행위이다.

> **참고**
>
> - 보세장치장(CFS, Container Freight Station) : 컨테이너 화물 집화소라고도 하며, 소량의 수출화물(LCL)을 하나의 컨테이너에 채워 넣거나, 수입화물의 경우 컨테이너를 열어 화주별로 분류하는 장소이다.
> - 적입(積入, Stuffing, Vanning) : 화물을 컨테이너 용기에 넣는 일
> - 적출(積出, Unstuffing, Devanning) : 화물을 컨테이너 용기에서 꺼내는 일

④ **기타 검수작업** : 양하작업이나 화물의 반출·반입작업에 입회하거나, 트럭 등 운송수단을 이용한 운송시 연결지점에서의 인도·인수를 위한 검수작업행위이다.

> **참고**
>
> 반입·반출작업 : 특정구역에 화물을 들이거나 꺼내는 작업

(3) 검수업무의 이점

① 검수의 정확성, 신속성, 공정성으로 인한 신뢰를 증대시킨다.

② 검수작업을 기초로 한 화물의 인도·인수를 증명하여, 정확하게 현장 상황을 파악한다.

③ 항만에서는 화물의 이동 상황이 빈번한데, 이와 관련된 정보를 제공한다.

④ 화물의 적재상황 및 화물의 특성에 대한 파악이 용이하다.

⑤ 사고 발생시 책임소재의 명확한 증명과 책임한계의 정확한 근거를 제시한다.

⑥ 운송 중 사고방지에 대한 대안을 제시한다.

⑦ 그 밖에 선박회사와 관세업무의 효율적인 수행을 위해 긴밀히 협조한다.

02 검수작업 준비 사항 및 유의 사항

(1) 검수작업시 준비 사항

① 수입화물 : 화물적부도에 표시된 화물의 파악과 적하목록상에 기재된 수량을 작업 전에 확인하여 타 항구의 화물이 양하되지 않도록 한다.

> **참고**
>
> • 화물적부도(Stowage Plan) : 본선의 선창에 화물이 적재된 상태를 나타낸 도면을 말한다.
> • 적하목록(Manifest) : 외국 화물을 실은 선박이 입항할 때 선장이 입항 후 24시간 이내에 제출하는 운송화물의 명세서. 배 이름, 국적, 화인(貨印), 번호, 품명, 출하주(出荷主), 하수인(荷受人), 수량, 무게, 부피 등을 상세히 기입한 서류이다.

② 수출화물 : 다른 항구 화물과의 혼적을 예방하기 위하여 양하지별로 적재위치를 먼저 확인해야 하며, 선창에 잘못 적재할 때는 다른 항에서 화물이 잘못 내려질 수 있으니, 양하하는 항구 순서에 따라 적재될 수 있도록 사전에 주의를 기울인다. 검수사는 수석검수사가 지시한 양하지별 하역시간 이전에 배치된 담당 창구에서 작업시작을 기다린다.

> **참고**
>
> 혼적(混積, Consolidation) : 한 차량 또는 용기(用器)에 여러 가지 화물을 섞어서 쌓거나 싣는 일

(2) 검수작업시 유의 사항

① 검수작업은 안전하고 적합한 장소를 선정하여 실시한다.
② 검수표상에 본선명, 작업일시, 선창명, 부선명, 날씨, 하역회사명 등 필요사항을 기재한다.
③ 담당 창구 검수사는 작업입회 이전에 작업 여부에 대하여 파악해야 하며, 정확한 작업 시작시간 및 완료시간을 기록한다.

- 선창(船艙, Hold) : 선박의 밑부분에 위치한 화물을 실을 수 있는 공간. 선창은 선수에서 선미로 번호가 부여되며, 이 번호는 선창의 구별과 화물의 적재 위치를 나타낸다[선수(船首) : 배의 앞부분, 선미(船尾) : 배의 뒷부분].
- 창구(艙口, Hatch) : 선상으로부터 선창으로 들어가는 출입구 또는 화물이 드나드는 곳

④ 검수사는 화물적재 위치와 작업순서 등을 확인하며 단일화물을 작업할 때는 일정량의 화물을 적재하도록 작업자에게 지시한다.

⑤ 하역작업 중 화물에 대한 정확한 수량 확인을 위해 매 5슬링(Sling) 또는 10슬링(Sling) 단위로 인수·인도자와 상호 대조하며 확인한다.

※ 상호간의 수량에 대한 착오가 발생했을 때는 작업을 즉시 중단하고 수석검수사에게 보고한 후 재확인한다.

슬링(Sling) : 화물을 훅(Hook)에 걸어서 싣거나 내릴 때 화물을 담거나 달아서 화물고리에 걸기 위한 용구의 총칭 또는 와이어로프, 섬유로프로 만들어진 화물운반용 망(그물)

⑥ 근무 교대시 반드시 작업현장에서 당사자 간에 명확한 작업사항을 인수·인계한다.

⑦ 검수작업 중 파손화물을 발견한 때는 수석검수사 또는 당직사관에게 연락하여 파손화물의 상태를 확인시켜 파손의 원인 및 책임한계에 대한 결정 내용을 정확하게 검수표에 기재한다.

⑧ 검수작업 중 하역인부의 부주의로 인하여 발생되는 화물의 파손에 대해서는 하역회사 책임자에게 확인한 후 서명을 받고 작업을 계속한다.

⑨ 검수사는 본선작업 완료 후 모든 작업사항을 수석검수사에게 보고한 후 하선한다.

(3) 검수시간 및 장소

① 통상적으로 화물이 적하지 창고의 입고에서부터 양하지에서 출고할 때까지, 운송·보관 등으로 화물이동이 이루어지며 이 과정에서 검수가 이루어진다.

② 검수사는 검수내용, 작업일시, 시간, 장소 등에 대한 결과를 검수표에 상세하게 기입하여 화물의 이동상황을 나타낸다.

(4) 검수작업시의 안전

검수업무에서 발생되기 쉬운 재해는 화물적 측면과 환경적 측면에서 볼 수 있다.

① 화물적 측면 : 화물의 용적과 중량, 형태, 화물의 장단(長短), 내용물의 위험성 또는 유해성 등에서 발생하는 재해

② 환경적 측면 : 작업장소가 해상, 선박, 부두, 육상, 창고, 철도 등 다양하며 협소한 공간에서 작업을 해야 하는 상황이어서 주위 환경으로 인해 발생하는 재해

(5) 작업별 안전작업

① 본선작업

ㄱ 본선 승선시
- 작업을 위해 본선 승선시 반드시 정해진 통로를 이용한다.
- 줄사다리를 이용하여 승선시 미끄러지거나 발을 잘못 디디는 일이 없도록 주의한다.

ㄴ 갑판(Deck) 작업시
- 본선 갑판 작업시 갑판을 통행할 때 해치커버나 빔이 적재되어 있는 위 그리고 와이어·화물네트·슬링 등의 하역기구 위를 통행해서는 안 된다.
- 하역작업 중 갑판을 통행해야 할 때는 화물의 낙하, 흔들림, 하역기계의 케이블 등을 확인한 후에 통행한다.
- 하역기계나 하역 중 돌발 사고에 대비하여 안전한 장소에서 갑판화물을 검수한다.
- 갑판에서 원목작업이 이루어질 때는 슬링 와이어의 묶음상태를 반드시 확인하고, 묶음에서 빠져나오는 원목의 낙하로 인한 위험을 항시 대비한다.
- 갑판상에 쌓아 놓은 해치커버 또는 빔 위에서 검수할 때는 안전장치 여부를 확인한다.

ㄷ 선창(Hold) 작업시
- 선창에 출입할 때는 사다리의 안전 상태를 반드시 확인해야 하며, 하역 중에 사다리 이용은 위험하므로 사용을 삼간다.
- 선창 내에서는 화물의 흔들림에 주의해야 하며, 안전대피지역이 없는 곳은 출입해서는 안 된다.
- 본선의 선창에서 양하·적하작업이 이루어질 때는 화물의 통과지점 밑으로 절대 통행하지 않는다.
- 장척(長尺)화물이나 중량(重量)화물은 하역장비에 의해 화물이동이 이루

어져 화물의 흔들림에 의해 낙화(落貨) 사고가 빈번하게 일어나므로 안전한 위치를 확보한다.

- 본선 선창 내에는 하역(Winch) 기계로부터 흘러나오는 물이나 기름에 의해서 항상 미끄러운 상태임을 유념한다.
- 화물네트를 사용하여 하역하는 화물들은 하역 중 화물네트 사이로 떨어질 수 있으니 절대 선창 중앙으로 나와서는 안 된다.

② 부두작업 : 비교적 다른 곳에서 이루어지는 작업에 비해 그 위험성은 적으나, 오히려 돌발적인 재해를 입을 수 있으므로 신중하게 행동해야 한다.

ㄱ 하역장비(지게차, 톱핸들러 등)의 방향 급전환 등 예기치 못한 방향에서 화물이 다가오거나 또는 다른 차량이 보이지 않는 곳에서 갑자기 나타나는 경우

ㄴ 자동차 및 화차 등에 화물 적재시 갑작스런 전진·후진으로 인한 추돌 사고

ㄷ 목고작업이나 손수레를 이용한 화물이동시 노무자의 전방이 보이지 않아 사고가 일어날 수 있고, 작업 중 화물의 묶음이나 슬링에서 벗어나는 경우가 있으므로 주의한다.

> **참고**
>
> 목고작업 : 하역장비를 이용하지 않고 하역인부에 의한 작업행위

ㄹ 그 외 부두상옥, 창고, 야적장 등에는 화물이 높이 쌓여 있으므로 가까이 가지 말아야 하며, 겨울철이나 우천시 시각과 청각에 방해가 되므로 사고에 주의한다.

> **참고**
>
> 부두상옥(上屋) : 보세창고 외 터미널에 설치되어 있는 일반창고

③ 부선작업

ㄱ 부선에서 작업시 몸의 균형을 잡아서 바다에 추락하지 않도록 주의한다.

ㄴ 부선에서 부선으로 이동 또는 안벽에서 부선으로 이동할 때 반드시 발판을 이용한다.

> **참고**
>
> 안벽(岸壁, Berth) : 항만이나 운하의 가에 배를 대기 위해 콘크리트나 돌 따위로 쌓은 벽

ⓒ 부선에 적재된 화물 위로 이동할 때 화물의 적재상태를 확인하여 화물 사이로 추락하지 않도록 주의한다.

ⓔ 우천이나 서리 및 일기가 불순할 때 미끄러지기 쉬우므로 보행에 주의한다.

④ 특수화물(위험물)작업

ⓐ 크레졸, 염산, 초산 등의 성질을 가진 화물을 검수할 때는 액체가 피부에 접촉하지 않도록 주의해야 되며, 피부 오염시는 즉시 비눗물로 세척한다.

ⓑ 유독성 화물을 검수할 때는 반드시 마스크를 착용해야 한다.

ⓒ 특히 피부염이나 결막염을 유발할 수 있는 콜타르, 피치 등의 화물들은 반드시 방진안경으로 눈을 보호해야 한다.

ⓓ 독극물의 검수시 독극물 표시에 주의해야 한다.

ⓔ 그 외 인화성, 가연성, 유류, 화약, 면화 등의 화물을 검수할 때는 반드시 금연한다.

제 1 장 | 적중예상문제

01 다음 괄호 안에 들어갈 알맞은 내용은?

> 검수사는 제3자적 입장에서 화물의 개수 및 손상유무를 (   ), (   ), (   )하게 처리해야 한다.

① 신속, 정확, 공정　　　　　　　② 신속, 정확, 균등

③ 신속, 정직, 공정　　　　　　　④ 신속, 정직, 평등

02 검수사는 누구의 입장에서 검수행위를 해야 하는가?

① 하 주　　　　　　　　　　　② 제3자

③ 선 주　　　　　　　　　　　④ 송하인 또는 수하인

> **참고**
> 하주(荷主) : 화물의 주인, 화주(貨主)와 같은 뜻, 본 책에서는 하주로 통일하여 사용함

03 항만운송사업법에서 규정하고 있는 "선적 화물을 양하 또는 적하하는 경우에 그 화물의 개수의 계산 또는 인도 인수의 증명을 행하는 일"을 무엇이라 하는가?

① 검량업무　　　　　　　　　　② 검수업무

③ 감정업무　　　　　　　　　　④ 항만업무

04 항만운송사업의 종류에 해당하지 않는 것은?

① 보증사업   ② 검량사업
③ 검수사업   ④ 항만하역사업

05 항만운송사업법상 항만운송 관련(부대)사업이 아닌 것은?

① 물품 공급업   ② 항만 용역업
③ 항만 하역업   ④ 컨테이너 수리업

06 항만용역업에 해당하지 않는 것은?

① 줄잡이   ② 통선업
③ 본선경비   ④ 컨테이너 수리업

07 물품공급업에 해당하는 것은?

① 선용품   ② 본선경비
③ 선박 청소   ④ 컨테이너 수리

08 부두작업을 할 때 검수안전 작업수칙에 관한 설명으로 옳지 않은 것은?

① 작업 중에 화물의 묶음 잘못이나 슬링(Sling)에서 짐이 떨어지는 예가 있으므로 이에 대하여 주의해야 한다.
② 부두작업은 비교적 위험성은 적으나 오히려 돌발적인 재해를 입을 수 있기 때문에 늘 주의를 기울여야 한다.
③ 비가 올 때나 겨울철에는 소리가 잘 들리지 않거나 시야를 가리게 되므로 가능한 화물에 가까이 근접해서 작업을 해야 한다.
④ 앉은 채로 검수작업을 진행시 졸음과 돌발사고가 발생할 경우 이를 피할 수 없으므로 가능한 서서 작업을 해야 한다.

09 국제복합운송의 장점으로 적합하지 않은 것은?

① 운송료의 다양화
② 운송서류의 간소화
③ 유통비용의 절감
④ 화물유통의 신속성 제고

10 화물을 적하·양하할 때 계약한 화물의 완전한 인도·인수를 위해 운송인측 입장에서 실시하는 검수업무는?

① 부두측 검수
② 본선측 검수
③ 야드측 검수
④ 창고측 검수

11 검수업무의 이점으로 옳지 않은 것은?

① 운송료를 증대시켜 준다.
② 운송 중 사고발생의 예방효과가 있다.
③ 사고가 발생할 경우 책임소재를 판단하는 근거가 된다.
④ 검수의 정확성, 신속성 및 공정성으로 신용을 증대시킨다.

12 항만용역업에 해당하는 것은?

① 선박 청소
② 음식료품 공급
③ 컨테이너 수리
④ 선박용 연료 공급

13 화물의 검수내용을 확인한 후 인수·인도 증명서에 서명을 하는 당사자가 아닌 것은?

① 선 장
② 선박회사
③ 일등항해사
④ 인수·인도자

14 항만운송사업자가 하주의 의뢰를 받아 선박 또는 화물의 양륙작업이 이루어지는 장소에서 실시하는 검수작업은?

① 본선측 검수작업 ② 부두측 검수작업
③ 창고측 검수작업 ④ 컨테이너 화물 검수작업

15 보세장치장(CFS)에서 컨테이너 화물을 적입·적출할 때 입회하여 수량, 품명, 기호, 외장상태 등을 점검하고 확인하여 인도·인수를 증명하는 작업은?

① 본선측 검수작업 ② 부두측 검수작업
③ 창고측 검수작업 ④ 컨테이너 화물검수작업

16 검수작업을 위해 사전에 준비해야 할 사항에 대한 설명으로 옳지 않은 것은?

① 검수사는 수입화물 검수를 위해 화물적부도에 표시된 화물을 미리 파악해야 한다.
② 검수사는 수입화물 검수를 위해 적하목록상에 기재된 수량을 미리 파악하여 다른 항구의 화물이 양하되지 않도록 해야 한다.
③ 검수사는 수출화물 검수를 위해 다른 항구 화물과 혼적을 막기 위해 양하지별로 적재 위치를 미리 확인해야 한다.
④ 검수사는 일등항해사가 지시한 양하지별 하역시간 이전에 배치된 담당 창구에서 검수작업 시작을 기다린다.

17 검수작업을 할 때 유의사항으로 옳지 않은 것은?

① 근무 교대할 때에는 반드시 작업 현장에서 당사자 간에 명확한 작업 사항을 인수·인계한다.
② 상호간에 수량에 대한 착오 또는 사고가 발생한 때에는 작업을 중단하고 선장에게 보고한 후 재확인한다.
③ 작업 중 하역부주의로 인하여 발생되는 화물의 파손에 대하여는 하역회사 책임자에게 확인한 후 서명을 받고 작업을 계속한다.

④ 파손된 화물을 발견한 때에는 수석검수사 또는 당직사관에게 연락하여 파손화물의 상태를 확인시켜 파손의 원인 및 책임 한계에 대한 결정 내용을 검수표에 기재한다.

18 검수작업에 있어 안전사고에 따른 환경적 측면의 요인이 아닌 것은?

① 부 두 ② 본 선
③ 하역장비 ④ 화물의 중량

19 검수작업에 있어 안전사고에 따른 화물적 측면의 요인이 아닌 것은?

① 화물의 가격 ② 화물의 형태
③ 화물의 위험성 ④ 화물의 장단(長短)

20 갑판작업에 관한 안전사항으로 옳지 않은 것은?

① 해치커버나 빔이 적재되어 있는 위를 통행해서는 안 된다.
② 와이어, 화물네트, 슬링 등의 하역기구 위를 통행해서는 안 된다.
③ 하역 중 갑판을 통행할 때는 화물의 낙하, 흔들림, 하역기계의 케이블 등을 확인한 후에 통행한다.
④ 갑판상 검수는 하역기계나 하역 중 돌발 사고가 일어날 수 있으므로 하역작업이 종료된 후에 실시한다.

21 선창작업에 대한 안전사항을 바르게 설명한 것은?

① 네트 슬링의 화물은 양하·적하작업시 통과지점 밑으로 통행해도 무관하다.
② 장척(長尺)화물이나 중량화물을 검수할 때에는 화물의 수량 확인에 주의한다.
③ 하역기계로부터 흘러나오는 기름이나 물에 의해 미끄러운 상태임을 유의한다.
④ 선창 내 하역시 안전대피 지역이 없는 곳은 들어가서는 안 되지만, 부득이한 경우에는 비상대피지역을 만들고 들어간다.

22 부두작업에 관한 안전사항으로 옳지 않은 것은?

① 하역장비(지게차, 톱핸들러 등)의 방향 급전환 등을 조심해야 한다.

② 겨울철이나 우천시에는 시각과 청각에 방해가 되므로 사고에 주의한다.

③ 자동차 및 화차 등에 양하・적하시 갑작스런 전진・후진으로 인한 추돌사고에 유의한다.

④ 목고작업이나 손수레를 이용하여 화물을 이동할 경우에는 노무자의 시야가 잘 확보되어 작업이 비교적 안전하다.

23 부선작업에 관한 안전사항으로 옳지 않은 것은?

① 부선에서 작업할 때에는 뛰어서는 안 되며 항상 속보로 이동해야 한다.

② 부선에서 작업을 할 때에는 몸의 균형을 잡아서 바다에 추락하지 않도록 주의해야 한다.

③ 우천이나 서리 및 일기가 불순할 때에는 미끄러지기 쉬우므로 보행에 주의한다.

④ 부선에 적재된 화물 위로 이동할 때에는 화물의 적재상태를 확인하여 추락하지 않도록 주의해야 한다.

24 특수화물(위험물) 검수시 안전사항에 대한 설명으로 옳지 않은 것은?

① 크레졸, 염산, 초산 등과 같은 액체물의 피부접촉에 주의해야 하며, 피부 오염시에는 즉시 비눗물로 세척한다.

② 독극물을 검수할 때에는 독극물 표시에 주의하고, 유독성 화물을 검수할 때에는 마스크를 사용해야 한다.

③ 콜타르, 피치 등의 화물은 피부염이나 결막염을 일으킬 수 있으므로 수시로 손을 씻으며 검수작업을 한다.

④ 인화성, 가연성, 유류, 화약, 면화 등의 화물을 검수할 때는 반드시 금연한다.

제 2 장 | 일반 화물 검수

01 화물 검수 일반

수출·수입되는 일반화물(단일화물 포함)의 검수는 선박회사가 세관에 제출한 적하목록을 근거로 이루어진다. 검수사는 선하증권 번호(B/L No.), 선적지시서 번호(S/O No.), 화인(Cargo Mark), 하주명, 품명, 개수, 중량, 용적 등 적하목록(Manifest)상에 기재된 내용과 실제로 현장에서 확인된 화물상태에 대한 개수와 상태의 이상 유무를 확인하고 사고화물에 대한 파손상태를 대조 확인한다. 그리고 사고원인에 대한 책임한계의 구분, 손상, 도난, 망실, 과·부족 등을 인수·인도자와 상호 확인하고 그 결과를 "인수·인도협정서"에 작성하여 일등항해사, 인수·인도자, 검수사가 확인서명함으로써 책임한계가 결정된다.

(1) 검수방법

검수방법에는 여러 종류가 있다. 특히, 검수업무는 현장에서 검수사가 화물의 상태나 개수 등을 직접 확인하고 그 결과를 검수표에 기입하는 것이 원칙이지만, 화물의 특성과 하역업무의 원활한 진행을 위해서 서류에 의해 검수가 진행될 수도 있다.

① Mark Tally : 선적지시서(Shipping Order, S/O)상에 기재된 화물의 기호, 개수 등의 상태를 확인한 결과를 검수표에 기재하는 검수방법

※ 한정된 특수화물에만 사용

② Sling Tally : 가장 보편적인 검수방법으로 로프 또는 네트슬링을 이용하여 하역되는 화물의 개수를 매 슬링단위로 검수표에 기입하는 방법

※ 검수방법 : 인수자와 인도자 측이 상호간에 검수를 하면서 매 5슬링 또는 10슬링마다 서로 개수를 불러주며 검수표를 대조하며 검수한다.

③ Number Tally : 화물의 기호와 화물별 번호(Package Number)를 확인하여 개수를 구분하는 검수방법으로 매 상자별 번호를 검수표에 기재하는 방법
　㉠ 특수화물(중량화물, 장척화물 등)의 검수
　㉡ 전자제품 및 고가화물의 검수
　㉢ 컨테이너화물의 검수
　㉣ 컨테이너의 적입, 적출화물 검수
　㉤ 자동차 등의 검수
　㉥ CKD화물 검수
　㉦ 기타 필요에 의한 화물 검수

> **참고**
>
> CKD(Complete Knock Down)화물 : 완성품을 해체하여 부품으로 수출하고 현지에서 조립, 판매하는 방식의 화물이다. 주로 자동차 수출시 완성차를 수출하는 것보다도 관세가 싸게 적용되고 현지의 싼 노동력을 이용할 수 있다는 점 등이 유리하다. 한편, 수입하는 측에서는 국내 공업화에 자극을 줄 수 있고, 애프터서비스가 완성차 수입보다 정비되어 있어 개발도상국에서 활용되고 있다. 보통 자동차의 수송에 많이 쓰이므로 Car Knock Down이라고도 한다.

④ Check Book Tally : 적하목록(Manifest : M/F), 선적지시서(S/O), 부두수취증(Dock Receipt : D/R)에 나타난 화물기호, 적하지, 양하지를 검수표에 미리 기재한 후 검수를 행하는 방법으로서 본선, 창고, 육상 등에서 검수시 사용함
　※ 주로 특수화물 및 수량이 적은 종류의 화물 검수시 사용한다.

⑤ Stick Tally(Bamboo Tally) : 화물의 입고·출고시 대나무, 목재로 된 막대기로 화물 1개의 수량, 슬링별 또는 차량별로 적재 숫자를 정하는 방법으로 일정한 숫자에 의해 검수하는 방법
　※ 단일화물을 검수할 때 주로 사용한다.

⑥ Bucket Tally : 산적화물을 양하할 경우 철재로 된 하역용기 등에 의해서 산적화물의 평균중량을 기입하여 하역작업 횟수를 검수표에 기재하는 방법
　※ 용기의 중량에 대해서는 일등항해사의 서명을 받아둔다.

> **참고**
>
> 산적화물(散積貨物, Bulk Cargo) : 광석, 곡물 등 포장이 어려운 화물을 포장하지 않은 채로 선박 등 운송기구에 적재하는 화물

⑦ Pile Tally : 화물을 파렛트 또는 화물네트 등에 일정한 방식으로 적재하여 적재 숫자를 가로 세로 높이를 곱하여 총 개수를 산출하여 검수표에 기재하는 방법

※ 주로 창고 내, 야적장에서 사용하는 방법으로 대량의 동일한 화물에 사용한다.

⑧ Counter Machine Tally(계수기) : 계수기를 이용한 검수방법으로서, 신속하게 이동하는 화물에 대한 검수에 용이하나 기록이 없어 인수·인도자 간에 상호 조회할 수 없다.

※ 동일화물, 우편물을 적재할 때 이용하여 계산하는 방법이다.

(2) 검수표(Tally Sheet)의 작성

① 검수사는 화물의 개수 계산과 손상화물에 대한 이상 유무를 인수·인도자의 상호 확인에 의해서 신속·정확·공정하게 작성된 검수표를 수석검수사에게 제출하면 이것은 작업진행상황 및 화물인수·인도의 기초자료가 되고, 이를 근거로 화물인수·인도증명서(Cargo Boat Note) 또는 본선수취증(Mate's Receipt) 등의 서류작성이 이루어진다. 그외 작업보고를 위한 명세서로는 수석검수사가 작성하는 작업일일보고서(Cargo Daily Operation Report), 화물이상유무보고서(Cargo Exception Report), 화물과·부족보고서(Over Landed/Short Landed Report), 화물인수·인도증명서 등이 작성되어 선박회사 또는 하주에게 제출된다.

② 검수표는 화물의 이상 유무 등으로 인해 변상의 상황이 발생할 때는 그 책임한계를 구분짓는 증명서류로서 효력을 가지므로 검수사의 정확한 검수표의 작성이 요구된다.

※ 검수표 작성시 유의사항

• 화물의 파손시 당직사관 또는 하주대리인을 입회시켜 확인하게 하고, 검수표상에 입회인의 서명을 받아야 한다.

• 검수표는 기호별로 한 칸씩 공간을 두고 기입하면 서류정리를 할 때 편리하다.

• 단일화물에 파손이 생겼을 경우 검척(檢尺)하는 것을 원칙으로 한다.

• 잡화포장이 파손되었을 때에는 내품의 개수와 상태를 정확히 확인한다.

• 작업 중 화물의 파손이 생겼을 경우에는 작업 중 손상임을 명시하고 하역회사측 서명을 받는다.

• 파손 화물 중 선상에서 그 상태를 파악할 수 없을 경우에는 육상에서 재검수 또는 감정에 의한다는 적요를 기입해야 한다.

(3) 하역관계 서류

① 적하(Loading)시 필요한 보고서

ㄱ 선적지시서(Shipping Order : S/O)
- 선주가 화물을 지정한 선박에 선적을 지시하는 서류
- 선주 또는 대리인, 즉 선박회사 또는 대리점의 서명
- 선적지시서가 없는 화물은 본선에 선적할 수 없음
- 적하화물의 인수는 선박회사 또는 대리점에서 행해지며, 본선의 공간과 적재 능력을 고려하여 적재 가능한 화물만 선적지시서를 발행한다.
- 하주의 의뢰로 선적 가능 여부가 불확실한 경우에는 "Loading Allowed If Time and Space Allowed"와 같은 적요를 붙여 조건부 선적지시서를 발행할 수도 있다.

ㄴ 본선인수증(Mate's Receipt : M/R)
- 선적화물의 본선인수증으로서, 선적이 완료되면 일등항해사가 서명한다.
- 선적지시서와 같이 화물의 품명, 수량, 기호 등은 미리 기재되어 있으므로 화물인수에 있어서 검수결과 개수의 상이 또는 손상화물이 있으면 적요로서 그 상황을 기입하고 적재장소 및 일자를 기입해야 한다.
- 선박회사는 원칙적으로 본선인수증과 교환으로 선하증권(B/L : Bill of Lading)을 발행한다(본선인수증은 가(假)인수증, 선하증권은 본(本)인수증이 됨).
- 선적지시서보다 개수가 부족 혹은 과다하였을 경우는 본선인수증면에 개수를 정정하지 않고 선박회사나 화주에게 연락하여 처리한다.

ㄷ 화물인수·인도증명서(Cargo Boat Note)
- 화물인수·인도증명서는 각 창구에서 작성된 검수표(Cargo Tally Sheet)를 기초로 해서 창구별, 이동(주간·야간)별로 작성한다.
- 창구번호, 작업시간, 선적지시서 또는 선하증권번호, 기호, 수량, 중량 및 용적톤수를 기입한다.
- 적요에는 본선수취증에 기재된 내용과 동일한 내용을 기록·작성한 후 인수·인도자 간의 상호 검인한다.

ㄹ 적하목록(M/F : Manifest), 적부일람표(Hatch List) : 선적지시서와 검수표를 기초로 한 각 선창에 적재된 화물의 적하명세표로서 적요에는 선적지시서 또는 선하증권번호, 양하지, 기호, 품명, 개수, 중량, 용적과 본선수취증에 기재된 내용들이 기재된다. 이는 화물 양하시 각 선창의 하역시간

을 예상하고, 적재계획서와 함께 하역 계획을 수립하는 데 필요한 자료가 된다.

ⓜ 수석검수사 일일작업보고서(Head Checker's Daily Operation Report)
- 창구별로 작성된 화물인수·인도증명서를 집계하여 각 창구별로 작업시간, 노무자, 작업반 수(Gang), 화물의 개수, 중량 및 용적톤수를 기재한다.
- 적요에는 노무자, 승선시간, 작업 시작시간, 작업 완료시간을 기재하며 화물 미착으로 인한 대기시간 등을 기입한다.

ⓗ 화물적하손상보고서(Cargo Loading Exception Report) : 화물 선적 이전에 발생하였거나 혹은 하역 중 발생하는 화물의 손상, 손실 등 기타 모든 상태를 기입한 서류로서, 작업 전 손상과 작업 중 손상을 명확히 구분하여 작성한다.

ⓢ 화물적재도면(Cargo Stowage Plan) : 본선의 선창에 화물이 적재된 상태를 나타낸 도면으로 양하·적하 항구명, 개수, 품명, 중량톤수, 용적톤수 등을 기재하고 색깔별 마크나 선의 구별로 양하항을 표시하여 하역관계자의 하역 작업상 중요한 참고자료가 된다.

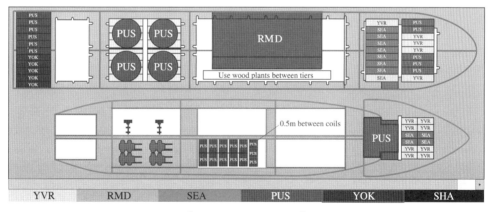

[Cargo Stowage Plan]

② 양하(Discharging)시 필요한 보고서
ⓐ 화물인수증(Cargo Receipt)
- 양하시 화물인수·인도증명서와 같이 각 창구에서 작성된 검수표를 기초로 하여 창구별·이동별로 작성하며 창구번호, 작업시간, 선하증권 번호, 기호, 품명, 개수, 중량 및 용적톤수 등을 기입하고, 적요에는 화물의 손상에 대해 기록한다.

- 본선과 수화주간에 화물이 인수·인도된 것을 증명하며, 적하시 본선인수증과 동일한 효력이 발생한다.

ⓛ 수석검수사 일일작업보고서(Head Checker's Daily Operation Report) : 적하시와 동일한 내용으로 작성한다.

ⓒ 화물손상보고서(Out Turn & Cargo Exception Report)
- 화물의 총괄표이며 화물의 과·부족과 파손상태, 책임소재를 확인하는 서류이다.
- 본선명, 항차번호, 하역회사명, 부두, 선석 등을 기입한다.
- 선하증권별로 기호, 품명, 파손된 수량, 사고내용 및 원인을 기재한다.
- 수화주 측 책임자의 서명을 받아 두어야 한다.

ⓡ 화물과·부족보고서(Cargo Over Landed / Short Landed Report) : 화물손상(결과)보고서에 과·부족이 있는 화물을 선하증권별로 기입하며, 과·부족을 명시한다.

적하지에서 화물을 부족하게 선적하였다면 적요에 'Short shipped at loading port)'로 기록하고, 육지에서 재검수를 필요로 할 때에는 'In Dispute'로 기록한다.

※ 선하증권(船荷證券, Bill of Lading)
- 개품운송(個品運送)과 항해용선(航海傭船)의 경우에, 원칙적으로 송화인의 요구에 의해 발행해야 하는 중요한 서류이다.
- B/L은 화물의 선적 혹은 선적하기 위하여 선박회사가 인수하였다는 사실을 의미하고, 지정한 양하항에서 이것과 교환하여 선적화물을 인도할 것을 약정한 유가증권이다. 따라서 B/L은 기재된 화물에 대한 권리를 표시하는 증서이며 선박회사는 정당한 B/L의 소지인에게 선적화물을 인도해야 할 의무가 있으므로 B/L은 채권적 증권의 성질도 가진다.

[선하증권의 종류]

종 류	내 용
선적 선하증권 (Shipped B/L)	선하증권은 화물의 선적을 의미하는 증권이므로 선적이 끝나고 나서 즉시 발행되는 증권이다.
수취 선하증권 (Received B/L)	선적 전이라도 선적화물이 선박회사의 창고에 반입되어 있는 한 송화인의 요구에 의하여 발행되는 증권으로서, 이 경우 발행하는 B/L은 선적 후에 발행되는 면에 "Shipped on Board"라고 기입한다.
기명식 선하증권 (Straight B/L)	수하인의 이름을 B/L면상에 명기한 것이다.

지시식 선하증권 (Order B/L)	수하인의 이름을 기재하지 않고 단순히 "Order"로 표시하여 송화인이 지적하는 자에게 선적화물을 인도할 것을 약정한 것이다.
무사고 선하증권 (Clean B/L)	선적화물이 S/O와 일치하고 양호한 상태일 때 B/L면에 전혀 비고(Remark)하지 않는다.
사고부 선하증권 (Foul B/L)	선적화물의 포장, 수량 및 기타 사항에 있어서 S/O와 같지 아니하고, 또한 운송과정에서 화물의 사고가 예상될 때는 일등항해사가 M/R에 비고를 써 넣어서 발행하는 것이다.
통과 선하증권 (Through B/L)	화물이 목적항까지 도달하는 과정에서 다른 선박 혹은 육상운송기관에 옮겨 실어 운송될 경우에, 처음 운송을 한 운송회사가 발급한 B/L로서, 전 구간의 운송이 행해질 때의 B/L을 "Through B/L"이라 한다.
국내 선하증권 (Local B/L)	국내 해상운송화물에 대하여 발급되는 B/L을 "Local B/L"이라 한다.
해양 선하증권 (Ocean B/L)	국제간의 해상운송화물에 대하여 발급되는 B/L을 "Ocean B/L"이라 한다.

[개품운송계약과 용선운송계약]

구 분	개품운송계약	용선운송계약
거래내용	운송회사는 다수의 화주로부터 개별적으로 화물의 운송을 인수	용선주는 특정 상대방과 특약하여 선복 또는 선박을 빌려주어 운송을 인수
선 박	정기선(Liner)	부정기선(Tramper)
화 주	불특정 다수 화주	특정 화주
화 물	컨테이너 화물 또는 잡화와 같은 비교적 적은 화물	대량 살화물(원유, 철광석, 석탄, 곡물 등)
계 약	선하증권(B/L)	용선계약서(CP)
운임률	공시운임률	수요와 공급에 의한 시세
운임조건	Berth Terms(Liner Terms)	FIO, FI, FO, FIOST

> **참고**
>
> 선복(Ship's Space, 船腹) : 여객의 탑승이나 화물을 싣는 장소(적하장소)

※ 선내하역비의 부담조건
 - Berth Term(Liner Term)
   적하·양하 선내 하역비를 선주가 부담하는 조건이다.
 - Free In and Out(FIO)
   해상수송에 따른 선주·하주간 운송계약의 조건으로서, 화물적재에 필요한 선내하역임(Stevedore Fee)을 하주가 부담하는 것이다. 부정기선에 의한 용선계약은 거의 이 방법을 취한다.

- Free In or Free Out(FI or FO)

  FI는 선적만 하주가 선내하역임을 부담하는 조건이며, FO는 양하만 하주가 선내하역임을 부담하는 조건이다.
- Free Trimmed(FT)와 Steamer Trimming(ST)

  FT는 Trimming Charge(정리정돈 비용)를 화주가, ST는 Trimming Charge를 선주가 부담하는 조건이다.
- Gross Term과 Net Term

  Gross Term : 항비, 적하・양하 하역비 및 연안 부선 하역비 일체를 선주가 부담하는 조건이다.

  Net Term : 위의 비용을 일체 화주가 부담하는 조건으로서 Net Term에 있어서의 운임은 순수 운송비이다.

> **참고**
>
> 항비(Port Charge) : 선박의 출입, 정박 등 항만을 이용할 때 발생하는 비용(도선료, 입출항세, 톤세, 부두사용료, 부표사용료, 예선료, 통선료 등)

02 검수실무

(1) 검수화물의 분류

형태에 의한 분류	Packed Cargo	포장화물
	Unpacked Cargo ① Cargo in Unit ② Cargo in Bundle ③ Cargo in Coil・Roll	포장이 안 된 화물 ① 단위화물 ② 묶음화물 ③ 코일・롤 화물
	Unprotected Cargo	자동차, 승용차 등
	Bulk Cargo	산적화물(散積貨物) : 농작물, 시멘트, 설탕, 석탄, 유연탄 등

품질에 의한 분류	General Cargo (Break-bulk Cargo)	일반화물(잡화) : 화물의 포장형태가 다양하고 용적화물이 주를 이루고 있다. 혼재 가능
	① Clean Cargo(Fine Cargo) ② Liquid Cargo ③ Rough Cargo ④ Dirty Cargo	① 청결화물 : 내품의 특성이 없고 포장이 완전하여 다른 화물에 손상을 주지 않음(차, 솜, 직물 등) ② 액체화물 : 와인, 기름, 화학류 제품 ③ 거친 화물 : 가마니, 섬 ④ 조악(粗惡)화물 : 화학작용이나 습기, 발열, 용해, 악취, 응고 등 반응을 나타내는 화물(피혁, 카본, 알루미늄 등)
	Special Cargo	특수화물
	① Perishable Cargo ② Animal & Poultry ③ Heavy Cargo ④ Bulky Cargo ⑤ Valuable Cargo ⑥ Metal Cargo ⑦ Lengthy Cargo ⑧ Refrigerated Cargo	① 부패성(腐敗性) 화물 : 야채, 과일 ② 생·동·식물 : 소, 말, 양, 식물 ③ 중량화물(5K/T 이상 화물) : Car, Tank ④ 용적(숭고)화물(5Ms/T 이상) : Boat, Aircraft ⑤ 고가화물(귀중품) : 금, 은, 동 ⑥ 금속성 화물 : Steel Products ⑦ 장척(長尺)화물(12M 이상 화물) : Pipe ⑧ 냉장화물 　　㉠ Frozen Cargo : 냉동화물(-6.7℃ 이하) 　　㉡ Chill Cargo : 냉온화물(-1~5℃) 　　㉢ Cooling Cargo : 양온화물(5~16℃)
	Dangerous Cargo	위험화물 : 화물 자체 폭발성, 인화성, 가연성 등 보관에 주의를 필요로 한다.
	① Explosive ② Compressed Gas ③ Inflammable Liquid ④ Combustible Solid ⑤ Oxidizing Substances ⑥ Poisonous Substances ⑦ Radioactive Material ⑧ Corrosives ⑨ Miscellaneous 　Hazardous Substances	① 화약류, 폭발물류 ② 고압가스류 ③ 인화성 액체류 ④ 가연성 고체류 ⑤ 산화성 물질류 ⑥ 독물류 ⑦ 방사성 물질류 ⑧ 부식성 물질류 ⑨ 유독성 물질류 : Cotton, Oil, Camphor
	Unitized Cargo	단위화물
	① Pre-sling Cargo ② Palletized Cargo ③ Van, Container Cargo	① 적하시 슬링이 부가된 화물 : 로프, 벨트 ② 파렛트 화물 ③ 컨테이너 화물
	Mail Cargo, Parcel Cargo	우편물, 소포화물

적재 장소에 의한 분류	Hold Cargo	창내적(艙內積) 화물
	Deck Cargo	갑판적 화물
	Locker Cargo	특수 창고화물
	Refrigerating Cargo	냉장화물
	Ventilation Cargo	환기를 필요로 하는 화물 : 과실, 야채
	Ballast Cargo	선창 밑 선박균형을 위해 적재하는 화물
	Top Stowage Cargo	상적화물
운송 목적에 의한 분류	Optional Cargo	양륙(揚陸)항 선택화물
	Through Cargo	통과화물
	Transshipment Cargo	환적화물
	Overland Common Point Cargo	오지행(奧地行) 화물(OCP)
	Switch Cargo	중계무역화물
	Hitch Cargo	연결화물
수송 형태에 의한 분류	Ocean Cargo	해상운송 화물
	Air Cargo	항공운송 화물
	Rail Way Cargo	철도운송 화물(내륙 간 운송 화물)
	Through Cargo	통과화물(본선 적재 화물 중 타 항만에서 양하되는 화물)
	Transshipment Cargo	환적화물(선사 인수 화물을 기항지 이외 항구에서 양하한 후 다른 선박이나 별도의 수송수단을 이용하여 재수송하는 화물)
	Overland Common Point (OCP) Cargo	오지행 화물[미국 로키산맥 동쪽의 먼 지점을 태평양 연안을 경유하여 수송되는 화물에 대해 특정운임(IPI)을 적용하는 화물]
	Switch Cargo	중계화물은 선적지시서(S/O)에 기재된 행선지 항에 양하하여 하주가 제3국으로 다시 수출하는 화물
	Hitch Cargo	연결화물(동일계약의 수출화물을 제조 장소와 재고 장소가 다른 화물을 각기 다른 복수 항에 분할 선적하는 화물로서 일반적으로 1건의 B/L을 발행하고 있으며 "A"항과 "B"항과의 Local B/L을 발행하고 있다)
	Multimodal Transportation	복합일관수송형태로 화물의 운송계약에 의하여 선박, 철도, 트럭, 항공기 등 2종류 이상의 다른 운송수단을 이용하여 최종 목적지까지 일관하여 수송한다.
	Land Bridge	해상, 육상, 해상을 이용하여 화물을 이적함이 없이 수송업자의 책임 하에 선박, 트럭, 철도, 항공기 등 2개 이상의 상이한 운송수단에 의해 연결되는 수송방법으로 시간과 비용을 절감할 수 있다.

수송 형태에 의한 분류	MLB(Mini Land Bridge)	북미대륙에서 태평양을 건너 극동지역과 대서양을 건너 유럽을 연결 수송하는 일관수송서비스를 말한다. 북미 서해안 항을 경유하여 대륙을 횡단 캐나다 동부, 북미 동해안, 구주 카리브해로 선박과 철도를 이용하여 수송하는 방법이다.
	SLB(Siberian Land Bridge)	극동에서 유럽, 중동지역으로의 화물운송을 위해 러시아 항으로 선박을 이용하여 수송한 후 시베리아 철도를 이용하여 수송하는 방법이다.
	IPI(Interior Point Intermodal)	내륙지점에서의 복합운송 서비스로서 북미 서해안 항을 경유하여 캐나다 내륙, 미국 중서부, 카리브 내륙도시까지 선박, 철도, 트럭을 이용하여 수송하는 방법이다.
	RIPI(Reversed Interior Point Intermodal)	IPI의 반대로 북미 동해안 항을 경유 미국내륙 중서부 도시까지 수송하는 방법이다.
	Sea and Air	선박(해상)과 항공기(항공)를 연계하여 수송하는 방법으로 이 시스템은 국제 복합일관운송의 일종이다.

(2) 화인(貨印, Cargo Mark)

※ 화인 : 계약물품을 쉽게 식별하거나 취급할 수 있도록 한 여러 가지 표시

- 화인은 화물의 인수·인도에 정확성을 기하기 위해 선하증권상에도 동일한 기호로 표시한다.
- 화물기호의 불명확으로 인하여 화물사고가 발생한 경우 하주측의 책임이 따른다.
- 화물 인수·인도는 반드시 화물기호에 의해 이루어지므로 검수사는 현장에서 확인한다.

[화인의 형태]

기 호	의 미
K	주의표시(Care Mark)
Y	부화인(Counter Mark)
◇G/L◇	주화인(Main Mark)
A1	품질표시(Quality Mark)
NEW YORK	목적지표시(Port Mark)
VIA SEATTLE	경유지표시(Via)
C/NO. 15/50	화물번호(Case Number)
GRS NET	중량표시(Quantity Mark)
MADE IN KOREA	원산지표시(Country of Origin)

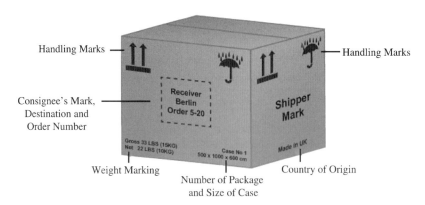

Handling Marks

Handling Marks

Consignee's Mark,
Destination and
Order Number

Receiver
Berlin
Order 5-20

Shipper
Mark

Gross 33 LBS (15KG)
Net 22 LBS (10KG)

Case No 1
500 x 1000 x 600 cm

Made in UK

Weight Marking

Number of Package
and Size of Case

Country of Origin

[포장 화인(Shipping Mark) 표시 방법]

※ 화인(貨印)을 화표(貨表)라고도 하며, Shipping Mark 또는 Cargo Mark라고도 함

① **화인의 구성** : 화인은 그 목적과 용도에 따라 주화인, 부화인, 품질표시, 목적지표시, 화물번호, 원산지표시, 주의표시 및 중량표시 등으로 구분한다.

㉠ 화인의 필수기재사항

- Main Mark(주기호)

화물의 대표적인 기호로서 회사의 상호·상표·도안·특정문자를 배열하여 송하주·수하주를 표시하며, 삼각형·사각형·원형·다이아몬드형 등의 모양으로 표시한다.

- Port Mark(도착항구 표시)

화물의 행선지 항구명 등을 표시한다.

도착항 표시	의 미
New York Via Seattle	2개 항구 이상의 경유 항의 경우
Long Beach OCP Seattle	해상, 육상 접속 운송의 경우
Port in Transit	도착지 항구에서 화물을 이송할 때

- Export, Country or Origin Mark(원산지 표시)

수출화물의 원산지 기호로서, 원산지, 항구명 및 국가명에 관해 표시한다. 특별한 경우 관세법에 의해 요구할 수도 있다.

- Case Number(화물번호)

화물을 품명별, 형태별, 색깔별 등으로 구분하여 포장화물별 화물의 수량을 확인이 용이하도록 포장상에 일련번호를 기재하는 방법이다. 이것은 하주가 화물을 선적, 인도·인수, 통관할 때 형태별로 구분이 쉽도록 해준다.

ⓛ 화인의 임의기재사항

• Counter or Sub Mark(부기호)

주기호에 대한 부수기호로서 상품의 공급자, 품질의 종류를 표시한다.

• Quantity Mark(중량표시)

화물의 중량을 표시하여 화물의 취급이나 적부를 편리하게 하는 표시이다.

※ 중량물과 부피가 큰 화물(Bulky Cargo, 숭고화물)에는 특히 중요하다.

• Care Mark(주의표시)

포장화물의 취급상 주의사항을 화물의 표면 또는 측면에 문자, 그림으로 표시하는 기호이다.

구 분			내 용
1		Not to be laid flat	눕혀 싣지 말 것
		Never lay flat	
2		Keep flat	눕혀 실을 것
		To be stowed flat	
3		Length ways	길이로 눕혀 실을 것
4		To be kept upright	바르게 실을 것
		Stand on end	
5		Stow level	수평을 유지할 것
6		Use no hook	갈고리 사용 금지
		No hook	
7		This side up	세워 실을 것
		This end up	
8		Glass with care	유리제품 취급 주의(유리, 도자기)
		Porcelain(Glass) with care	
9		Handle with care	취급 주의할 것
10		Fragile with care	취약화물 주의할 것
11		Keep dry	습기 주의할 것
		Guard wetness	
12		Stow cool	냉장장소에 보관할 것
		Keep cool	
		To be kept in cool place	
		To be stowed in cool place	
13		Keep away from heat	열로부터 떨어질 것
14		Don't crush	찌그러짐을 방지할 것

15		Not to be stowed near boiler	보일러(기관실) 옆에 적재하지 말 것
		Keep away from boilers and engines	
16		Keep out of the sun	햇빛 주의할 것
17		Open this side	표시부분부터 개장
18		Not to be stowed(packed)	중량화물 밑에 적재하지 말 것
		Under heavy cargo	
19		Perishable goods	부패물
20		Valuable	귀중품
21		Liquid	액 체
22		Explosive	폭발물
23		Sling here	슬링위치
24		Center here	무게중심 위치
25		Do not drop	떨어뜨리지 말 것(넘어지기 쉬운 화물)
26		Requiring warehousing	창고 보관용 화물 마크
27		Danger of ignition	화기 주의

(3) 포 장

포장이란 물류의 첫 단계로서 상품의 운송, 보관, 하역 그리고 사용 등에 있어서 그 가치와 상태를 보호·유지하기 위하여 적합한 재료 또는 용기 등을 시공한 기술 및 상태를 말한다.

수출물품은 장기간의 운송과 선적, 환적, 양하 등의 과정에서 여러 번에 걸친 하역 작업의 대상이 된다. 일반적으로 철광석, 곡물류, 액체 화물 등과 같은 살화물(撒貨 物)이 아닌 단위화물과 잡화와 같은 일반 화물을 개품운송할 때에는 반드시 포장이 이루어진다. 특히, 불완전한 포장으로 인하여 발생하는 화물의 손상에 따른 피해에 대해서 선박회사는 면책조항을 선하증권상에 기재하고 있어 책임을 지지 않으며, 아울러 보험회사도 책임을 지지 않는다.

따라서, 수출품의 운송과정에서의 사고를 예방하고 안전하게 물품을 인도하기 위해 서는 화물의 특성과 유통과정 등을 고려하여 이에 적합한 포장이 이루어져야 한다. 수출포장은 일반화물의 경우 컨테이너 또는 규격화된 용기를 사용하며, 산적화물의 경우에는 운송수단에 직접 적재하고 별도의 화인(貨印)과 화번(貨番)을 표시하는 것이 일반적이다.

포장 완료 후에는 포장 명세서를 써야 한다. 포장 명세서는 선하증권이나 상업송장처럼 필수서류는 아니지만 원산지 증명서처럼 중요한 부속서류라고 할 수 있다.

① 포장의 목적

　　㉠ 내용품을 파손, 변질, 누손, 오손 등으로부터 손상을 방지한다.

　　㉡ 내용품의 누설이나 탈락을 막아서 그 화물을 보전한다.

　　㉢ 운반, 적부 등의 취급 및 보관에 편리하도록 한다.

　　㉣ 일정한 구획 내에서의 적재량을 증가시키고 운송능률을 향상시킨다.

　　㉤ 위험물에 대해서는 그 위험을 예방하도록 한다.

② 포장의 종류

종 류	포장 형태
개장(個裝, 낱포장) Unitary Packing	물품의 최소 소매단위를 하나하나 개별적으로 포장
내장(內裝, 속포장) Interior Packing	개장된 물품을 수송 또는 취급하기 편리하도록 일정한 양의 개장품을 묶어 다시 재포장
외장(外裝, 겉포장) Outer Packing	운송 중 화물의 변질, 파손, 도난, 분실, 멸실 등을 방지하고 하역이 편리하도록 몇 개의 내장을 목재나 골판지 등으로 된 상자에 다시 포장

③ 포장의 요건

　　㉠ 포장 재료는 청결, 건조, 강력해야 한다.

　　㉡ 포장 형태가 잘 정비될 수 있도록 내용품에 적합한 용기나 재료로써 가공을 완전히 하여야 한다.

　　㉢ 포장의 용적과 중량의 증가는 운임을 증대시키므로 가능한 용적과 중량을 최대한 경감시켜야 한다.

④ 포장 형태(Type of Packing)의 용어

원 어	약 자	약 어	설 명
Bag	B/G	포 대	쌀, 콩, 밀, 사탕, 커피 등을 포장
Bale	B/L	뭉 치	원면, 의류, 종이 등으로 싸서 묶은 것
Ballot			Fiber Box
Bar	BAR	막대기	철봉(鐵棒), 평강(平鋼), 각강(角鋼) 등
Barrel	BRL	통	포도주, 기타 액체 등을 넣은 목재통
Basket	BKT	광주리	바나나 등을 넣은 광주리, 대나무 광주리
Block			돌, 광석, 덩어리
Bottle	BTL	병	약품, 주류 등

Box	B/X	상 자	기계류, 중요 화물의 포장
Bulk	BLK	산 물	포장이 없는 것
In Bulk		살적화물	살적화물(광석, 곡류, 사료)
Burlap	BLP		약재, 금속물용 마대
Butt			술통 108/117갤런
Bundle	BDL	묶 음	철봉, 목재 등을 묶은 것
Cage	C/G	우 리	짐승, 새 등을 넣은 우리
Can	C/N	양철통	페인트, 유류 등을 넣은 깡통
Carboy	CBY	병	내품이 병이고 외장을 철재 등으로 포장
Carton	CTN	종이상자	종이상자
Case	C/S	상 자	상자로 포장된 화물 총칭
Cask	CSK	작은 통	못, 염료 등을 넣은 작은 통
Chest	CST	차 상자	차(茶) 상자의 종류
Clamped Together			묶음용 꺾쇠
Coil	C/L	코 일	철선, 로프 등을 감은 것
Container	CNTR	컨테이너	다량의 화물을 적재할 수 있는 운송용기
Air Mode Container		컨테이너	항공수송용 컨테이너
Crate	CRT	상 자	기계류 부품 등 내품이 보이는 나무상자
Cylinder	CYL	원 통	산소통 종류의 철통
Drum	DRM	드 럼	유류, 염료, 약품 등을 넣은 드럼
Drum Firkin	DRM	통나무	통나무 8~9갤런
Flask		병	병(瓶, 수은·약품 등)
Gunny Bag	G/BG	포 대	마대(곡류 등을 넣은 포대)
Head	H/D	마 리	소, 말, 양 등의 마릿수
Hogs Head	HD	큰 통	엽연료(葉燃料) 등을 넣은 큰 통
Ingot	IGT	덩어리	금, 은, 동 등 덩어리
Keg	KG	작은 통	페인트, 못 통 등
Kilderkin			술통 16/18갤런(Half Barrel)
Leaf			대리석
Log			원 목
Mat			거적으로 포장한 것
Matted Box	M/BX		차 상자
Package	P'KGS	조	포장, 화물 개수의 총칭
Pail			작은 드럼
Pair	PR		한 벌

Parcel		포	소포물의 총칭
Pallet	PLT		대량 화물 받침대
Palletized			파렛트화된 화물
Pen		우리	동물류를 넣는 우리
Piece	PC	개	포장되어 있지 않은 것
Pig			선철(銑鐵) 등의 덩어리
Pipe			토관, 철관 등
Puncheon			큰 나무통 72/120갤런
Reel			전선, 철선을 말아 놓은 것
Roll	R/L		신문용지 등과 같이 말아 놓은 것
Sack	S/K	포 대	소맥분(밀가루) 등을 넣은 종이 포대
Set		조	조립된 기계류
Sheet	SHT	장	합판, 철판 등의 단위
Skeleton			야채, 과일 등을 넣은 상자
Skid	SKD		기계 등을 넣은 큰 상자
Slab			주석 등의 덩어리
Steel Envelope			철재 포장
Straw Bag		가마니	곡류, 소금, 비료 가마니
Suit Case	S/CS		소형 여행용 가방
Tierce			나무통 42갤런
Tin			주석 깡통 캔과 같은 것
Trunk			큰 가방
Tub			나무통
Tube			대, 관, 통
Unit			차량, 선박 등 개수의 단위
Unitized			단위별 포장
Unpacked	UNP		포장이 안 된 것
Un boxed	UNB		포장이 안 된 상자
Van			컨테이너, 뚜껑이 있는 포장물
Wooden case	W/CS		나무상자

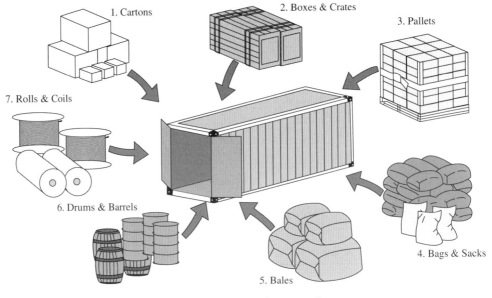

03   화물사고와 검수사고

(1) 화물사고

수출·입 화물이 적하목록상의 개수, 화물기호와의 상이, 파손, 내품의 감량, 하역 중의 파손, 해몰(海沒) 등의 사고가 발생하여 이로 인해 화물에 손상을 주는 경우를 말한다.

① 화물사고의 종류 및 원인

사고원인(종류)	내 용
선적시	• 하역기구 부적절로 인한 손해 • 작업의 부적절 및 부주의로 인한 손해 • 포장의 불완전으로 통상 하역작업에서 생긴 손해 • 선적 전의 손상의 간주 및 선적개수의 착오
화물배치시	• 배치장소의 부적절 : 파손, 누손, 오손, 변질, 분실, 도난 • 타 화물과의 구분이 불명확 : 파손, 연착, 분실 • 배치방법의 부적절 : 파손, 오손

운송시	• 파도에 의한 선박 동요 • 폭풍우, 좌초, 충돌로 인한 침수 • 화재발생으로 인한 선장의 적하물 처분
보관시	• 쥐 또는 벌레로 인한 손해 • 통풍불량, 온도관리의 부적절로 인한 손해
화물하역시	• 하역시 조사가 불충분하여 다른 유사화물을 하역 • 같은 종류에 화물이 함께 배치된 경우 외견상 양호한 화물하역 • 기타 사정으로 화물을 모두 하역하지 못함

※ 하역 후 창고까지 인도에 대한 운송특약을 한 경우 : 운반작업 및 보관에 대한 책임이 있다.

② 본선 도착 전 발생한 불완전 화물에 대한 적요

　검수사는 본선의 양하항 도착 전 화물기호의 불분명으로 인한 화물혼적과 불완전한 적재로 인한 화물손상, 그리고 불완전 포장에 의한 내품 감소, 손상 또는 망실 등의 화물사고를 발견시 모든 상황을 일등항해사에게 보고해야 한다.

③ 하역 중 사고발생에 대한 적요

　하역 중 발생한 화물사고에 대해서 사고 원인에 대한 책임한계를 정확히 파악하여 하역책임자에게 확인서명을 받아야 한다.

(2) 검수사고

　검수사고란 작업 중에 발생할 수 있는 화물개수에 대한 검수사의 착오, 손상화물의 미(未)발견으로 인해 발생될 수 있는 변상 사고 또는 선적화물의 적재위치 착오로 인한 다음 기항지에서의 화물이적 추가비용의 발생 등을 말하며, 이러한 화물사고의 원인이 검수사의 착오로 인한 귀책사유가 확인될 경우를 말한다.

(3) 손상화물에 대한 적요

　검수사는 개수를 정확히 검수해야 하며, 화물의 이상 유무를 파악하고 파손 또는 손실을 철저히 조사해야 한다.

　양하화물에 파손된 것이 있음에도 수하주 측 인수자가 정상품으로 인수한 후 파손화물이 발견되거나 혹은 파손 정도가 심할 경우, 수하주는 그 하역회사 측에 당연히 손해에 따른 변상을 요구하게 된다. 그러나 하역회사 입장에서는 수하주 측에서 화물이 이미 인수된 상태이기 때문에 귀책사유를 들어 손해변상을 하지 않으려 하게 되어 결국 화물의 손상에 대한 손해배상은 법적으로 해결할 수밖에 없다.

귀책사유(歸責事由) : 법률상의 불이익이나 책임 따위를 부과하기 위하여 필요로 하는 주관적 요건. 의사능력이나 책임능력이 있어야 하며, 고의나 과실이 있어야 한다.

양하작업에 입회하는 본선 측 검수사	선적항에서 적재시 기재된 화물손상확인서를 기초로 손상화물의 내품과 파손상태를 실제대로 대조하며 정확하게 파악하여야 하고, 당직사관을 입회시킨 후 일등항해사가 손상화물에 대한 인정을 하도록 철저하게 확인한다.
적하작업에 입회하는 본선 측 검수사	수하주 측 입장이 되어 손상품이 발견되면 그 상태를 정확히 파악하여 반드시 검수표에 적요를 기재하고 수석검수사는 이를 본선인수증(Mate's Receipt : M/R)에 기재한다.

① 일반적요(一般摘要, General Remark)

    ㉠ 화물종류 또는 포장상태에 따라 운반기간 중 내품의 변질, 파손, 외부포장의 파손 등 예상치 못한 손상 혹은 사고가 생길 우려가 있으므로 이에 대비하여 기재하는 것을 일반적요라 한다.

    ㉡ 선적화물은 원칙적으로 양호한 상태여야 한다. 외관상 화물 또는 포장상태가 완전하지 못한 것은 운송 도중 사고가 발생할 수 있으므로 본선 측은 선적을 거부하거나 책임 여부에 대한 적요사항을 기재하도록 요청할 수 있다.

    ㉢ 일반적요에 대한 적요는 선적지시서를 발행할 때 기재되고, 이 경우는 선사는 하주 측과 협의하여 본선수취증에 기재한다.

[일반적요에 사용되는 적요(Remark) 기입의 예]

구 분		내 용
1	Liquid cargo, S/N/R for breakage & leakage of contents (S/N/R - Ship's not responsible)	유류, 주류, 탄산수 기타 액체를 넣은 캔, 드럼 Barrel 등 화물의 적요
2	S/N/R for breakage & condition of contents	유리, 도자기, 유류, 주류 등 액체화물의 파손되기 쉬운 화물의 적요
	Liquid cargo S/N/R for breakage and leakage of contents	
3	S/N/R for split. Chip and / or breakage	묶음이 절단되기 쉬운 포대화물에 대한 적요
	S/N/R for breakage of bags & loss of contents	

4	Frail packing S/N/R for breakage & loss of contents	포장이 약하여 파손의 우려가 있는 화물의 적요
	Insufficient packing, S/N/R for loss or shortage and / or condition of contents	
	Frail and old cases, S/N/R for loss or shortage and / or condition of contents	
5	S/N/R for bundles off & shortage of contents	한 겹으로 포장한 곡류, 비료 등 화물의 적요
6	Perishable cargo at shipper's risk	과실 등 부패하기 쉬운 화물의 적요
7	S/N/R for bending off & rusting	철봉, 철판 등 굽어지거나 녹슬기 쉬운 화물의 적요
	S/N/R for bent, dent and/or rust	
8	S/N/R for mortality(death) escape, injury and / or sickness	소, 말, 돼지, 새 등 생동물의 적요
9	Unprotected cargo S/N/R for damages	기계, 자동차 등의 덮지 않은 화물의 적요
10	S/N/R for breakage & shortage arising their nature	차, 콩류 등 화물 자체의 수분에서 생기는 손상, 감량의 위험성이 있는 화물의 적요
11	Transshipment cargo S/N/R for condition of contents	이선(移船) 화물의 적요
12	Said to be …	광석, 석탄, 목재 등의 벌크화물로서 정확한 검량을 생략하는 화물의 적요
13	S/N/R for evaporation	발열하여 증발하기 쉬운 화물의 적요
14	S/N/R for melting	용해되기 쉬운 화물의 적요
15	S/N/R for withering	식물류로서 말라죽기 쉬운 화물의 적요

② 현재적요(現在摘要, Conditional or Exceptional Remark)

㉠ 화물을 양하·적하할 때 발생하는 손상, 파손, 손실, 기타 모든 상태를 기입하는 것이 현재적요이다.

㉡ 현재적요는 실제적요로서 하역작업이 진행되는 과정에서 하역인부의 실수나 혹은 장비, 기후, 운송수단, 기타의 원인 등에 의해서 발생된 화물사고의 상황을 현재 그대로 기입해야 한다. 검수원은 손상된 화물을 발견하였을 때 그 상태를 정확히 기입하고 파손의 원인을 본선 사고 혹은 하역 중 사고 등으로 구분하여 정확히 파악해야 한다.

ⓒ 현재적요 기재는 주로 화물을 적하·양하할 때 하역 중 발생되는 화물의 손상, 파손, 손실 기타의 상태를 검수표에 기재하는 것이므로, 검수표에 기재된 적요 구분에 의해서 하주 또는 선주는 손해배상에 대한 책임을 면제받을 수 있는 효력이 발생한다.

[현재적요에 사용되는 적요 기입 예]

구 분		내 용
1	Found in stow	수입화물의 경우 손상된 화물이 본선 상에서 해치개방 전 또는 하역 전에 발견된 본선 책임의 손상화물 적요
2	During discharge by stevedore (labours)	수입화물의 경우 작업원의 부주의로 인하여 발생되는 손상화물 적요
3	Prior to load	수출화물의 경우 본선에 적하 이전에 운송 중, 또는 자체적으로 발생된 손상화물 적요
4	During load by stevedore (labours)	수출화물의 경우 작업원의 부주의로 인하여 발생되는 손상화물 적요

[일반화물의 현재적요에 사용되는 용어]

구 분	내 용
Few	적은, 별로 없는 것
About	약(約), 대충
All over	영향이 간 것(좋거나 나쁘거나)
Apparent full	정상품에 가까운, 대략, 거의 확실한 상태
Contents apparent full	외형상 전량이 있는 것
Approximately(Approx.)	대략, 약(約)
Bad order	상태가 불량한 것, 손상이 심한 것
Badly damaged	손상이 심한 것
Bags(Sacks) torn	포장이 터진 것
Bare	포장하지 않은 것
Bent	구부러진 것
Bent down(in)	휘어져 내려앉음(안으로 휘어짐)
Bottom	밑바닥, 아랫부분
Bright	빛나는 것, 선명한 것
Broken	파손된 것, 부러진 것
Broken adrift	깨어져 뒤틀린 것(어긋난 상태)
Broken away	깨어져 멀리 분리된 상태
Broken down	깨어져 내려앉은 상태
Case broken, Contents unknown	상자가 파손, 내품이 불분명한 것
Broken and repaired	파손되어 재수선한 것

Broken contents intact	외부는 파손되었으나 내품은 완전한 것
Broken contents in	외부가 파손되었으나 내품이 남아 있는 것
Broken contents sound (O.K.)	파손화물 내품이 이상 없는 것
Broken off	파손되어 떨어져 나간 것, 분리된 것
Buckled	휘어진 것(다른 손상도 있음)
Bulky	팽창, 부풀은 것(부피)
Bruised	타박에 의한 상처, 흠집이 난 것
Bung off(Bung loose)	마개가 빠진 것
Bulge out	불룩 튀어나온 것
Burst / Burst out	파열된 것(면화, 양모)
Buckled	주름이 잡힌 것
Caked	내용물이 굳어진 것
Caved in	움푹하게 들어간 것
Cap off(Top, Head off)	뚜껑이 떨어진 것
Ceased	마치다, 중지하다, 끝내다
Chafed(Chafing)	마찰로 깎인, 비벼서 찍힌 것
Cover chafed	포장이 마찰로 깎인 것
Leaked	액체가 용기에서 새는 것
Chipped	잘려나감, 깎여 나감(원목, 원면)
Clattered	덜거덕거리는 소리가 나는 것
Clogged(Clogged up)	나사의 구멍이 막힌, 밀폐된 것
Collided	충돌(선박이 물체와 충돌)
Completely	전부, 전체적인, 완전히
Concave in	오목한, 요면(凹面)
Convex out	복판이 불룩한, 철상(凸狀)
Contaminated	오염(汚染), 오손(액체류, 가스 등)
Cracked	금이 간, 쪼개진 것(유리 등 단단한 물체)
Country(land)	원산지
Country(land) damage	원산지에서 손상된 것
Crimpled	곱슬곱슬하게 된 것
Cross view	근접도(近接圖), 가까이서 본 것
Crumpled	쭈글쭈글하게 우그러진 것(좁은 의미)
Crushed	찌그러진 것(충돌로 인한)
Cut	잘린 것, 끊어진 것, 절단된 것
Cut off	잘려나간 것
Damaged	손상된 것
Damaged by fire	불에 의해 손상된 것

Damaged by heat	열에 의해 손상된 것
Damaged by vermin	벌레에 의해 손상된 것
Damaged caused by contact with other cargo or other cargo damage	다른 화물의 접촉으로 인하여 손상된 것
Damp	습기가 있는 것
Damp dunnage	습기 보호 목재
Dangerous cargo	위험화물
Death	사망(死亡) 동물류
Deck cargo(On deck cargo)	갑판적(甲板積) 화물
On deck cargo at shipper's risk	갑판적 화물로서 일체 송하주 책임
Deep scored(gouged)	깊게 베어진 자리, 깊게 파인 것
Deformed	모양이 변형된 것
Demolish	파괴된 것
Dented	우그러진 것
Dented all over	전체가 우그러진 것
Several point dented	따로따로(네다섯 개)
Slightly dented	가볍게 우그러진 것
Destroyed	파괴, 부서진 것(여러 형태로 손상된 것)
Destroyed flange (out / in)	마모되어 떨어짐(금형으로 된 테)
Dirty	더러워진, 불결한, 지저분한 상태
Dirty by coal(carbon)	석탄(카본)으로 더러워진 것
Discolored	변색된 것
Disembarked	양륙(楊陸), 퇴선하다(본선에서 육지)
Dissolved	용해(溶解), 녹은 것
Distorted	뒤틀린, 일그러진(넓은 의미)
Distorted all over	전체가 뒤틀린 것
Disturbed	심한 손상(질서 없이 어질러진 상태)
Ditto(– Do –), (– " –)	상동(上同), 동일한 것
Dragged	표류(선박), 떠다님(원목 등)
Drifted(Adrift)	이탈, 선박의 표류, 떨어져 나감
Dusty	불결한 상태(가루나 먼지 등)
Edge	끝부분, 가장자리
Edge broken	끝부분이 파손된 것
Edge chafe	끝이 깎인 것
Edge cut	끝이 끊어진 것
Empty	빈 것
Contents empty	내품이 없는 것

Escape	동물이 도망간 것
Explosives(Explosion)	폭발(폭약·가스 등)
Exposed	노출(露出)된 것
Contents exposed	내품이 노출되어 있는 것
Evaporation	증 발
Fell(Fallen) over board	하역 중 화물이 바다에 빠진 것
Fell over board by labours	작업원에 의해 화물이 바다에 빠진 것
Fell over board by rolling of lighter	부선(艀船)의 동요(動搖)에 의해 화물이 바다에 빠진 것
Fire	불에 의함
Fire fighting craft	해상 소방정
Fire extinguishing sea water damaged	화재 진압시의 해수에 의한 오염 손해
Fractured	골절된 것, 부서진 것(금이 간 것)
Frail	포장이 약한
Frail case	포장이 약한 상자
Frail packing	포장이 불량한 것
Frozen	냉동(冷凍)
Frozen mass of ice	얼음 빙판·덩어리
Gashed	갈라진 틈이 크게 생김(깊은 상처)
Gapped	틈이 벌어짐
General view	일반도(一般圖), 전체적인 도면
Cracked	금이 간 것
Hair line cracked	머리카락같은 가는 금이 간 것
Marks mixed	화물기호가 혼합된 것
Marks obliterated	흔적이 없어진 것, 말소된 것
No mark	화물 기호가 없는 것
Melt(Melting)	내용물이 없는 것
Melted down	녹아서 처진 것, 용해(溶解)
Missing	부족한 것
Mixed	혼 합
Other mark mixed	수하물 기호, 혼합
Moderately damaged	중간상태의 손상
Moisture	습기 찬 것
Moulded	곰팡이가 슨 것
More or less (some)	다소(多少)
Muddy bed	바다 밑 진흙
Nail loose	못이 빠져 나와 있는 것

Nail off	못이 빠진 것
Nail started	못이 빠져 나와 있는 것
Nail rusty	못이 녹슨 것
Night work	야간작업
No	없는 것
No mark	화인(貨印)이 없는 것
No space	공간이 없는 것
No space shut out	공간이 없어 적재치 못한 것
No time	시간이 없음
No time shut out	시간이 없어 적재치 못한 것
Non-delivery	불착(不着)
Not responsible(N/R)	관계없음, 책임 없음
Numerous	여러 개, 다수
Numerous pieces / each	여러 개, 다수의 개수
Obnoxious	불쾌한
Obnoxious smells	불쾌한 냄새가 나는 것
Odor	냄새가 나는 것
Oil stained	기름으로 더럽혀진 것
Old	오래된, 낡은
Old and frail case	헐고 약한 상자
Old and frail packing	오래되고 빈약한 포장
Old bag(Secondhand bag)	재사용된 헌 포대
Holey plate	구멍이 난 판
Hooks holey	갈고리에 의한 구멍
Hoops	테(통, 묶음)
Hoops off	테가 터진 것, 빠진 것
Hoops rusty	테가 녹슨 것
Icicles	얼음기둥, 고드름
Indistinct	불분명(不分明)
Indistinct marks	화물 기호 불분명
In shape	정상적 모양 상태(손상에 관계없음)
Insufficient	불완전한 것
Insufficient packing	불완전한 포장
Invisible	눈에 보이지 않을 만큼 적은 것
Kept on board	양하하지 않고 본선에 남겨 둔 것
Leaking / leaking out	액체가 새는 것
Leaking out	액체가 새어 나오고 있음

Loosen	헐렁한 것, 조이지 않은 것
Loosen bundle	묶음이 헐렁한 것
Cap loose	뚜껑이 조여지지 않은 것
Maintained	보수하다, 유지하다(성능, 상태 등).
Mark distinct	화인(貨印)이 분명한 것
Mark indistinct	화인(貨印)이 불분명한 것
Punctured holes	찢어진 구멍(주위에도 금이 간 것)
Pushed	우그러진 것
Pushed in	안으로 우그러진 것
Rain work	우중(雨中) 작업
Rapid / Rapidly	신속한, 빠르게
Rattling	내품이 소리가 나는 것
Recheck	재검수(再檢數)
Recheck(To be rechecked at shore)	재검수(육상 재검수 요망)
Recovered	복구, 수리
Recovered(Restored to normal)	복구됨, 수리됨
Re-cooped	(통 따위를) 재포장, 재수선한 것
Refitted condition	재설치, 재장치한 상태
Reinstalled condition	다시 설치(복구)한 상태
Removed condition	철거, 제거된 상태
Re-nailed	다시 못질을 한 것
Repacked	재포장한 것
Repaired	재수리한 것
Old case(Secondhand case)	헌 상자, 재사용한 상자
Oozing	스며 나오는 것, 배어 나오는 것
Oozing out	내용물이 스며 나오는 것
Out of ordered	고장, 작동되지 않은 것
Over	수량 과다
Over flow	내용물이 넘치는 것
Over in dispute	수량 과다로 재검수 요함
Partly	부분적으로
Partly bands off	일부 묶음이 절단된 것
Partly broken	일부 손상된 것
Partly hoops off	일부 테가 절단된 것
Partly stained	일부 더러워진 것
Perishable cargo	부패(腐敗)하기 쉬운 화물
Permanent	정상적인 것, 완전한 것

Permanent repairs	정상(완전) 복구, 보수 수리
Pilfered(Pilferage)	도난(盜難)당한 것
Port mark	행선지 기호
Port mark mixed	혼적(混積)
Pounding / Hitting	강한 타격, 부딪침(선박과 부두 접촉)
Repaired on board	본선 상에서 재수리한 것
Resealed	재봉인한 것
Resealed on board	본선 상에서 재봉인한 것
Re-sewed	다시 꿰맨 것
Re-sewed on board	본선 상에서 다시 꿰맨 것
Return(Return cargo)	반송(返送)화물
Ripped	쪼개진, 쪼개져서 열린(단단한 것)
Ripped open	쪼개져서 입이 벌어진 것
Rotten	썩은 것
Running out	심하게 새고 있는 것
Ruptured	파열, 찢어짐(단단한 물체)
Rusty	녹슨 것
Said to be	개수(個數) 관계없음
Same conditions	같은 상태
Scattered	산재(散在)하다, 꽉 차다
Scratched	긁힌, 찰과상
Scratched all over	전체가 긁힌 것
Sea bed(Sea bottom)	해저, 바다 밑
Sea water fighting operation	소화(宵火)작업
Seal(Sealed)	봉인(봉인한 것)
Seal off(Broken)	봉인이 없는 것(봉인 절단)
Secondhand(Old, Used)	재사용된 것
Section view	단면도(斷面圖)
Set in(down)	움푹한(넓은 의미의 우그러짐)
Set up	조립, 끼워 맞춤
Several pieces	다수, 여러 개
Severely damaged	상당히 심한 상처
Shallow water	해안의 얕은 수심 지역
Shift(Shifting cargo)	이동화물
Shocked	자극이 간 것(나쁜 영향)
Short in dispute	수량 부족으로 재검수를 요함
Short shipped	부족적하(不足積荷)

Side view	측면도(側面圖)
Similar conditions	거의 같은 상태
Single bag	한 겹으로 된 포대
Slightly(Partly)	약간(일부분)
Slightly stained	약간 더러워진 것
Smashed	박살남, 산산조각이 된 것
Snow work	설중(雪中) 작업
Soaked(Soiled)	배어 들어간 것
Softened	연질화(軟質化)된 것, 말랑말랑해짐
Spilled	엎질러진, 뿌려진, 쏟아진
Spilt	쪼개진 것, 여러 곳에 금이 간 것
Spoiled	썩은 것
Spontaneous combustion	자연 연소(인화성 높은 화물)
Sprayed	분무, 살포된(물보라)
Spread	펼친, 살포된, 전개
Stained	오염된, 더러워진 것(페인트 등)
Stranded	선박이 좌초됨
Sweat(Sweated)	습기가 배어나온 것
Sweeping cargo	청소된 화물
Swollen	부푼 것
Tangled	실이 얽힌 것
Tear and wear	자연적인 마모, 소모
Telescope	포개져 들어간 것, 신축된 것
Temporary repairs	임시 응급 수리, 보수
Theft	훔친 것, 절도, 도둑
Top off	뚜껑이 떨어진 것
Top view	상명도(上面圖)
Torn	파열, 찢어진 것(연한 물체, 종이 천 등)
Torn off(away)	찢어져 나간 것, 멀리 떨어진 것
Cover torn	포장이 터진 것
Cover torn only	외부 포장만 터진 것
Totally	전체적으로, 전부(개수, 부피, 양)
Transshipment cargo	이선(移船) 화물
Twist	뒤틀림, 꼬인 것(좁은 의미)
Unclosed	잠기지 않은 것, 닫히지 않은 것
Unlocked	잠기지 않은 것
Unknown(Contents unknown)	내품이 불분명

Unknown(Content unit pieces unknown) (UPC unknown)	내품이 불분명(내품 개수가 불분명함)
Unpacked(Un—boxed cargo)	포장되지 않은 화물
Unusual sound / noise	비정상적인 소리, 이상한 소리
Used carton(bag)	재사용 상자(포대)
Used car(vehicle)	중고 차량
Valuable cargo	고가품
Various places	여러 장소, 여러 곳
Various mark(V/M)	여러 가지 화물 기호
Verdigris	푸른색의 녹
Voluntary stranding	선박이 고의나 임의로 좌초된 것
Wasted	소모된, 마모된 것
Waved	외장이 파도에 파손된 것
Weathered	비바람에 젖은 것
Wet by bilge (sea) water	선박의 하부에 고인 물에 젖은 것
White rusty	흰색의 녹
Worn out(Service worn out)	마모된, 닳아버린
Wrapping paper torn	포장지가 파손된 것
Crazed	가벼운 타박상(껍질만 벗겨진)
Gouged	둥근 끝, 뚜껑
Gouged head off	뚜껑이 없어진 것
Gouged top off	뚜껑이 없어진 것
Heating	열(熱)에 의한
Heavily	심 한
Heavily damaged	심한 손상
Heavy weather	황천(荒天)
Heavy high sea	태풍, 파도, 폭우 등
Holed	구멍이 난 것
Cover holed	포장에 구멍이 난 것
Panel holed	판(벽)에 구멍이 난 것
Pin holed	작은 구멍
Sheet holed	판(장)에 구멍이 난 것

(4) 화물별 상태(Cargo Condition) 적요

① 화물 상태의 적요 방법

㉠ Bulk 화물 : 살화물은 물, 오염, 발열, 습기, 용해, 악취 등의 상태에 주목해야 한다.

- 적요기입

  - 화물이 약간 물에 젖어서 악취가 난다.

    (Bulk cargo wet slightly and stinking)

  - 설탕 5포대가 물에 젖어서 내용물이 약간 소실되었다.

    (Sugar, 5bags get wet content's slightly missing)

  - 소금 3포대가 찢어져서 내용물 20%가 소실되었다.

    (Salt, 3bags torn, content's about 20% missing)

㉡ 식료품 : 부패, 응고, 습기, 화물의 선적 등에 주목해야 한다.

- 적요기입

  - 선창바닥 오수(Bilge water)로 인해 3Bgs가 약 10% 젖었다.

    (3Bgs wet by bilge water about 10% each)

  - 7Bgs에 곰팡이가 약간 슬었다.

    (7Bgs slightly moulded)

  - 6Bgs가 본선 선창바닥 오수로 인하여 각각 30% 젖었다.

    (6Bgs wet by ship's bilge water about 30% each)

㉢ 광석류 : 광석류는 이물질 혼입시 순도가 떨어지게 되며 여러 부작용이 우려되므로 이물질 혼입시 주목해야 한다.

- 적요기입

  - 약간의 부스러기가 10% 혼입되었다.

    (Some scrap mixed about 10%)

  - 2Bgs가 약 5% 정도 혼합되었다.

    (2Bgs about 5% scrap mixed)

㉣ 냉동화물 : 냉동화물은 주로 어류, 육류이므로 머리가 부서진 것, 꼬리가 절단된 것, 냉동이 풀린 것, 부패된 것 등에 주목해야 한다.

- 적요기입

  - 10Cs가 냉동이 풀리고 일부는 부패되었다.

    (10Cs get soft and some spoiled)

- 5상자가 파손되고 냉동이 풀렸다.

  (5Cs broken, content's soft)

ⓜ 유류제품 : 유류 및 액체류는 주로 드럼통에 담아서 보관하기 때문에 중고 드럼, 우그러진 것, 액체가 새는지 주목해야 한다.

- 적요기입
  - 한 드럼이 우그러져 내품이 새고 있다.

    (1Dr dented content's leaking)
  - 한 드럼이 새고 있으며 내품이 약 70% 남았다.

    (1Dr leaking, content's about 70% only)

ⓗ 기계류 : 기계품은 대개 값이 비싸며 조금만 파손되어도 못쓰게 되기 쉬우므로 포장상자의 파손에 주목해야 한다.

- 적요기입
  - 포장상자가 파손되었지만 내품은 이상 없다.

    (Case broken content's sound (Ok))
  - 1Dr 옆 부분 구멍으로 내품이 계속 새고 있다.

    (1Dr oozing out, content's running out)

ⓢ 유리제품 : 내용물이 유리제품인 화물에 대하여는 포장의 외부파손 및 내품의 깨진 소리 등에 주목해야 한다.

- 적요기입
  - 외부포장이 파손되고 내용물이 깨졌다.

    (1Case broken content's rattling)
  - 1Case가 파손되어 내품의 상태가 불분명하다.

    (1Case broken, content's condition unknown)

ⓞ 생피류(Hide) : 생피의 화인은 꼬리표(Tag)에 표시되어 있으며 꼬리표 유무의 확인과 하역시 후크(Hook) 사용에 주목해야 한다.

- 적요기입
  - 1Bdl 내품 중 1장이 갈고리에 의해 구멍이 났다.

    (1Bdl inner 1 sheet hooks hole)
  - 1Bdl 묶음 테 파손되어 내품 45장이 남았다.

    (1Bdl band off, content's 45 sheet in)
  - 1Bdl이 변색되었다.

    (1Bdl discolored)

ⓧ 액체류 : 액체류는 내품이 새어나오거나 포장 파손시 내품의 부족시 주목
해야 한다.

- 적요기입
  - 1Dr이 새어나왔고 내용물은 비었다.
    (1Dr leaking, content's empty)
  - 1Dr 마개가 없어져 내품이 새고 있다.
    (1Dr bung off, content's slightly leaked)

ⓩ 원면제품 : 원면은 대량 수입되므로 화물상태와 상표의 유무, 더러워졌는
지, 파손되었는지, 오염 등에 주목해야 한다.

- 적요기입
  - 심하게 파손되고 내품의 약 절반이 없어졌다.
    (Badly bursted, content's about half missing)
  - 내품은 더러워지고 상표가 녹슬었다.
    (Content's dirty and band rust)
  - 내품이 유류 등에 의하여 오염되었다.
    (Content's stained by oil)

ⓚ 시멘트 및 비료 제품 : 손상된 화물이 있을 때는 재포장하거나 수선을 행
하며 포장의 파손, 내품의 감량 및 수분이나 비에 주목해야 한다.

- 적요기입
  - 6Bgs이 부분적으로 굳거나 파손되고 내용물 25% 소실되었다.
    (6Bgs content's partly caked and about 25% each missing)
  - 4Bgs이 각각 내품이 용해되었다.
    (4Bgs content's melting each)
  - 2Bgs 내품이 각각 굳어져 있다.
    (2Bgs content's caked each)

ⓔ 실(Yarn) : 포장파손으로 인한 오손이나 엉킴에 주목해야 한다.

- 적요기입
  - 포장파손으로 내용물이 엉켰다.
    (1Ctn broken content's tangled)
  - 1Ctn 파손되어 내품 3실패가 더러워지고 2실패는 엉켰다.
    (1Ctn torn, content's 3 spools dirty & 2 spools tangled)

ⓟ 개인용품(Personal Effects) : 트렁크와 Suit Case의 자물쇠 안전여부를 확인하며, 개인용품의 파손 발견시 항해사와 하역회사 직원의 입회하에 검 근 또는 봉인하여 보세창고 입고시까지 사고예방에 최선을 다한다.
- 적요기입
  - 자물쇠가 파괴되고 내품이 양말 2켤레, 카메라 1대, 와이셔츠 3벌 있다. (Trunk lock broken content's 2pairs of socks, 1EA of camera, and 3EA of white shirts)
  - 1개의 가방 자물통이 부서져 내용물이 총 20개 남았다. (1Trunk lock broken, content's 20 in)

ⓗ 목재류 : 원목(Log)으로 수입되는 경우와, 제재된 각목(Lumber)으로 수입 되는 경우가 있으므로 파손과 쪼개진 것에 주의하고 각목의 경우에는 묶음 의 풀어짐 등에 주목해야 하며, 묶음이 풀어졌을 때는 각목의 정확한 개수 를 파악해야 한다.
- 적요기입
  - 각목 48장의 묶음이 풀렸다. (Bundle off, content's 48 sheet in)

② 해난(海難)화물 적요
  ㉠ 화재, 천재, 해난 등으로 인한 화물의 손상은 해난화물로써 처리한다.
  ㉡ 통상적으로 선박회사에서 공인 감정사에 의뢰하여 감정을 행하며, 검수사는 감정사와 협의하여 해난 상태에 대한 적요내용을 검수표에 기재한다.

(5) 일반화물의 적요

구 분	General Cargoes Exception	일반화물 적요내용
Bag	5Bags torn, content's slightly missing each.	5Bag이 파손되어 각각 내품이 약간씩 부족함
	3Bags torn, content's about 20% missing each(about 30% in each).	3Bag이 파손되어 각각 내용물이 약 20% 부족함 (약 30% 각각 남았음)
	3Bags spoilt(discolored) each.	3Bag이 각각 썩었음(변색)
	3Bags slightly cover torn(and repaired) each.	3Bag이 각각 포장이 약간 파손됨(재수리됨)
	2Bags slightly cover torn sewed on board.	2Bag이 포장이 약간 파손되어 본선상에서 재봉 합함

	7Bags torn, content's in full.	7Bag이 포장이 파손되었으나 내품은 완전함
	3Bags torn, content's empty.	3Bag이 포장이 파손되어 내품 없음
	6Bags slightly(partly) dirty.	6Bag이 약간(부분적) 더러워짐
	7Bags slightly stained(wet, sweat, molded, rotten, caked, cut).	7Bag이 약간 더러워짐(젖음, 습기, 곰팡이, 썩음, 굳음, 잘려 나갔음)
	3Bags dirty by coal(carbon).	3Bag이 석탄으로 더러워짐(카본)
	5Bags sweeping(repacking).	5Bag의 쓰레기임(재포장하다)
	6Bags secondhand(old, used) Bags.	6Bag을 재사용 포대로 사용함
	2Bags torn, reweighed a total of 20kgs in gross.	2Bag이 파손되어 재검근 결과 총 20kgs 남아 있음
	3Bags sweeping 5kgs net.	3Bag에 쓰레기가 순중량 5kgs 있음
	3Bags fallen over board by ship's rolling (slipped overboard & taken up).	3Bag이 본선의 흔들림으로 바다에 빠졌음(미끄러져 빠졌으나 건졌음)
	3Bags fallen over board by stevedore (slipped overboard owing to stevedore's mishandling).	3Bag이 하역인부에 의해 바다에 빠졌음(하역회사 부주의로 미끄러져 바다에 빠졌음)
	2Bags cover wet by oil each.	2Bag이 각각 기름으로 젖었음
Bag	6Bags wet by ship's bilge water about 30% each.	6Bag이 본선 바닥오수로 인해 각각 30% 젖었음
	3Bags extremely(very) wet by ship's bilge water each.	3Bag이 약간(심하게) 본선바닥 오수로 인하여 각각 젖었음
	2Bags some scrap mixed(about 5% of scrap mixed).	2Bag이 혼합 쓰레기임(약 5% 정도 혼합되었음)
	7Bags hooks holed, content's slightly spilt loose each.	7Bag이 각각 갈고리에 의해 파손되어 내품이 새어나오고 있음
	6Bags stained & content's to more less purified(rotten, moisture, corrosion, corrupt, spoilt).	6Bag이 더러운 상태이나 내품은 다소 깨끗함(썩었음, 곰팡이가 피었음, 부식되었음, 부패되었음, 부패되어 손상되었음)
	2Bags stained by sweat each.	2Bag이 각각 내품에서 습기가 스며 나와 더러워졌음
	4Bags content's melting each.	4Bag이 각각 내품이 용해되었음
	2Bags cover taped, content's in full each.	2Bag이 테이프로 포장되었으나 내품은 완전함
	2Bags content's caked each.	2Bag 내품이 각각 굳어져 있음
	3Bags sewing content's apparently full each.	3Bag을 다시 꿰매었으며, 외관상 완전함
	3Bags(Gunny bags, Paper bag) torn, content's empty each.	3Bag(마대, 지대)의 포장이 파손되어 내품은 전량 없음

Bag	3Bags tri-holes & sifting reweighed gross weight of 25, 22, 20kgs.	3Bag 3곳에 구멍으로 내용물을 재검근 결과 총 중량이 각각 25, 22, 20kgs임
Bale	2Bales slightly(partly) torn (and repaired) each.	2Bale 각각 약간(부분적) 파손되었음(재수선하다)
	2Bales slightly(partly) wrapper torn only.	2Bale 각각 포장만 약간(부분적) 찢어졌음
	2Bales slightly(partly) dirty each(wet, stained, rotten, sweat, moulded, burst).	2Bale 약간(부분적) 각각 더러워졌음(젖었음, 더러워졌음, 썩었음, 내품에서 습기가 배어 나옴, 곰팡이가 피었음, 용해되었음, 파열되었음)
	4Bales partly hoops(band) off each.	4Bale 부분적으로 묶음 테가 터졌음
	2Bales partly hoops rusty each.	2Bale 부분적으로 묶음 테에 녹이 슬었음
	3Bales hoops off and burst each.	3Bale 묶음 테가 절단되어 내품이 벌어졌음
	4Bales partly hoops(band) off each.	4Bale 부분적으로 묶음 테가 터졌음
	2Bales partly hoops rusty each.	2Bale 부분적으로 묶음 테에 녹이 슬었음
	3Bales hoops off and burst each.	3Bale 묶음 테가 절단되어 내품이 벌어졌음
	2Bales partly torn repaired on board by tape.	2Bale 부분적으로 파손되어 본선상에서 테이프로 재조치함
	2Bales stained by sweat(oil).	2Bale이 습기(기름)에 의하여 더러워졌음
	1Bale band off, content's partly missing.	1Bale 묶음 테가 절단되어 내품이 부분적으로 소실됨
	1Bale burlap bagging end oil stained from edge to approximately 1" into bale.	1Bale 마대가 끝 부분에서 약 1인치 정도가 기름에 의해 더러워졌음
	1Bale 5 band off only.	1Bale 5개 묶음 테가 파손
	1Bale 3 band off, content's partly burst.	1Bale 3개 묶음 테가 파손되어 내품이 부분적으로 벌어졌음
	1Bale about 30% discolored.	1Bale 약 30% 변색되었음
	1Bale dirty and band rusty.	1Bale 녹으로 더러워졌음
	1Bale stained by oil.	1Bale 기름에 의해 더러워졌음
Carton	1Ctn(#3) torn, content's 12pcs intact.	1Ctn(#3) 파손되어 내품 12pcs가 남았음
	1Ctn(#4) torn, content's 3 spools dirty 2 spools tangled.	1Ctn(#4) 파손되어 내품 중 실패 3개가 더러워지고 2개 실패는 얽혀 있음
	1Ctn(#5) torn, seal off, resealed on board.	1Ctn(#5) 봉인이 파손되어 본선 상에서 재봉인하였음
	1Ctn(#6) broken, content's exposed, 2sound & 4missing(pilferage).	1Ctn(#6) 파손되어 내품이 노출되어 2개 정상이고 4개 부족함(도난)
	2Ctns tally trouble to be rechecked on shore.	2Ctn 검수착오로 인하여 육상에서 재검수함
	1Ctn torn, content's 2bottles broken.	1Ctn 파손되어 내품 중 병 2개가 깨졌음
	1Ctn(#2) sealed with plain tape over origin tape.	1Ctn(#2) 최초 테이프 위에 무늬 없는 테이프로 다시 봉인되었음

Carton	1Ctn(#1) torn, content's 18 in Upc(Upc – Unit pieces).	1Ctn(#1) 파손되어 내품이 18개 남았음(Upc – 총개수)
	1Ctn slightly broken content's in full.	1Ctn 약간 파손되었으나 내품은 정상임
	1Ctn(#3) torn & crushed, content's 16intact. 6Cans dented & 2cans demolished.	1Ctn(#3) 파손, 찌그러지고 내품은 16개 캔이 남았음, 6개 캔은 우그러졌고 2개 캔은 파괴되었음
Case	1Cs(#1) broken only.	1Cs(#1)가 파손만 되었음
	1Cs(#2) broken, content's exposed.	1Cs(#2) 파손되어 내품이 노출됨
	1Cs(#3) broken(interior), content's damaged condition unknown.	1Cs(#3) 파손되어(내부) 내품의 파손 상태가 불분명함
	1Cs(#4) broken, condition of content's subject to be surveyor report.	1Cs(#4) 파손되어 내품 상태에 대하여는 육상에서 감정보고서에 의함
	1Cs(#5) broken, condition of content's to be rechecked at shore.	1Cs(#5) 파손되어 내품 상태에 대하여는 육상에서 재점검에 의함
	1Cs(#5) broken, condition of content's to be examined at shore.	1Cs(#5) 파손되어 내품 상태에 대하여는 육상에서 점검에 의함
	1Cs(#6) top side(bottom, edge) broken (and repaired).	1Cs(#6) 상부(하부, 끝 부분) 파손되었음(재수리함)
	1Cs(#5) bottom side broken and repaired on board.	1Cs(#5) 아랫부분 파손, 본선 상에서 재수선함
	1Cs(#7) slightly(partly) dirty(deformed, stained, wet, crushed).	1Cs(#7) 약간(부분적) 더러워졌음(모양변형, 더러워짐, 젖었음, 찌그러짐)
	1Cs(#2) wet by water(oil).	1Cs(#2) 물에 젖었음(기름)
	1Cs(#3) oil leaking from inside.	1Cs(#3) 안으로부터 기름이 새고 있음
	1Cs(#3) nail off, re-nailed on board.	1Cs(#3) 포장의 못이 빠져 본선에서 다시 못을 박음
	1Cs(#4) nail loosed content's rattling.	1Cs(#4) 못이 헐렁하여 내품이 소리가 나고 있음
	1Cs(#5) broken, content's 4pcs missing.	1Cs(#5) 파손되어 내품이 4개가 부족함
	1Cs(#5) broken, content's 2pcs intact.	1Cs(#5) 파손되어 내품 2개가 남아 있음
	1Cs(#6) broken, content's exposed.	1Cs(#6) 파손되어 내품이 노출됨
	5Cs wet owing to (during) rain work.	5Cs 우천작업으로 인하여 비에 젖었음
	5Cs mark indistinct.	5Cs 화인이 불명확함
	1Cs mark obliterated.	1Cs 화인이 말소되어 불명확함
	1Cs insufficient packing(old and frail case).	1Cs 불완전 포장(낡고 약한 포장)
	1Cs invisible mark.	1Cs 화인이 보이지 않음
	1Cs various mark(other mark mixed).	1Cs 화인이 여러 가지임(다른 화인과 섞임)
	1Cs broken, 2cans seams crushed and demolished(destroy).	1Cs 파손되어 내품 중 캔 2개가 찌그러지고 파괴되었음(파괴)

	1Coil(1/4 wire, gross weight 270Lbs) burlap wrapper torn, content's exposed and bright from chafing.	1코일(1/4 Wire, 총 중량 270Lbs) 포장이 터져 내품이 노출되어 마찰로 깎여진 곳이 빛나고 있음
	1Coil(#3) band slightly rusty & one vertical band off.	1코일(#3) 묶음 테가 약간 녹슬고 수직 묶음 테가 끊어졌음
	1Coil(#4) steel envelope rust stained & oil stained.	1코일(#4) 철재 포장 테가 녹으로 더러워지고 기름으로 더러워짐
	1Coil(#5) deformed.	1코일(#5) 모양 변형되었음
	1Coil(#6) steel cover torn only.	1코일(#6) 철재 포장만 파손됨
Coil	1Coil(#9) steel cover heavily dented.	1코일(#9) 철재 포장만 심하게 우그러짐
	1Coil(#7) steel envelope crimping.	1코일(#7) 철재 포장이 곱슬게 우그러짐
	1Coil(#8) cover loose & part buckled.	1코일(#8) 포장이 헐렁하여 부분적으로 다시 조였음
	1Coil(#2) partly rust stained.	1코일(#2) 부분적으로 녹슬었음
	1Coil(#11) rust spot on top sheet.	1코일(#11) 위 부분적으로 녹슬었음
	1Coil(#12) rust spot apparent.	1코일(#12) 외견상으로 녹슬었음
	1Coil(#3) rusty due to salinity.	1코일(#3) 염분으로 녹슬었음
	1Dr oozing out, content's 5% short (leaked).	1드럼 계속 새고 있고, 내품이 5% 부족(새고 있음)
	1Dr evaporation.	1드럼 증발되고 있음
	1Dr lube oil side holed, content's running out.	1드럼 윤활유가 옆 부분 구멍으로 계속적으로 새고 있음
Drum	1Dr lube oil side holed, content's half missing(leaking).	1드럼 윤활유가 옆 부분 구멍으로 새고, 내품이 반 정도 부족함(새고 있음)
	1Dr fallen over board due to mishandling.	1드럼 취급 부주의로 화물이 바다에 빠짐
	1Dr head broken, content's 30% in.	1드럼 위 부분 파손으로 30%가 남아 있음
	1Dr cap loose, content's some missing.	1드럼 뚜껑이 없어져 내품이 어느 정도 부족함
Granite Block	1Pc(#2) broken(split) into 2parts.	1Pc(#2)파손(분할)되어 2개로 됨
	1Pc(#2) one side cut(chipped 30cm).	1Pc(#2) 한쪽 부분이 절단됨(30cm)
	1Pc(#3) divides(breaks) into 3parts.	1Pc(#3) 3개로 나누어짐(쪼개짐)
	1Bdl band off, content's 45sheets in.	1Bdl 묶음 테 파손되어 내품 45장 남았음
Hide	1Bdl inner 2sheets hooks hole.	1Bdl 내품 중 2장이 갈고리에 의해 구멍이 났음
	1Bdl dry up(heating, discolored, iron rusty).	1Bdl 말라버렸음(열, 변색, 철로 인한 녹)
	1Plt(#3) cover off only(Upc unknown)	1Plt(#3) 겉포장만 없어졌음(내품 개수는 알 수 없음)
Pallet	1Plt(#4) inner 2bags torn, content's slightly missing each.	1Plt(#4) 내품 중 2Bag 파손되어 내용물이 약간 부족함

Pallet	1Plt(#5) 12bags torn, content's 5% spilt loose each. 1Plt(#6) damaged, content's total of 50ctns in.	1Plt(#5) 12Bag이 찢어져서, 내용물의 5%가 흐르고(새고) 있음 1Plt(#6) 파렛트 파손, 내품 수량이 총 50Ctn 남았음
Steel Coil	1Steel coil band slightly rusty & one vertical band off.	1철재 코일 묶음 테가 약간 녹슬고 수직 묶음 테가 파손됨
	1Steel coil cover rust & oil stained.	1철재 코일의 포장이 녹슬고 기름에 더러워짐
	1Coil(#2) deformed.	1코일(#2) 모양이 변하였음
	1Coil(#3) telescoped about 4cm.	1코일(#3) 약 4cm 정도 포개짐
	1Coil(#4) steel envelope (cover) crimping.	1코일(#4) 철재 포장이 곱슬하게 우그러짐
	1Coil(#5) cover loose & part buckled.	1코일(#5) 포장이 헐렁하여 다시 조였음
	1Coil cover slightly rusty & partly crimping.	1코일 포장이 약간 녹슬고 부분적 곱슬하게 우그러짐
	1Coil partly hoop off & hoop partly rust stained.	1코일 부분적으로 묶음 테가 파손, 부분적으로 녹슬었음
	1Coil rust spot on cover sheet.	1코일 포장이 부분적으로 녹슬었음
	1Coil rust spot apparent.	1코일 부분적으로 외견상 녹슬었음
Steel Pipe	1Bdl(#2) 1/4 band off only.	1Bdl(#2) 1/4 묶음 테 파손
	1Bdl(#3) 5pcs edge side dented(bent).	1Bdl(#3) 내품 중 5Pc 끝부분 찌그러졌음(굽어졌음)
	1Pc galvanized pipe bent(L-10cm)	1Pc 아연도금 파이프관이 굽었음(10cm)
	1Bdl galvanized pipe 1pc bent 3" out of alignment about 4 ' from end(edge cut, edge chafed).	1Bdl 아연도금 파이프가 끝에서 직선 길이로 약 4 ' 부분에서 3 " 굽어졌음(끝부분 절단, 끝부분 마찰)
	1Pc steel pipe one end steel protector cap off.	1Pc 철재 파이프에 끝 부분 보호 캡이 없어졌음
	1Pc steel pipe partly aluminium cover bent.	1Pc 철재 파이프에 알루미늄 보호대가 굽었음
	1Pc steel pipe one point edge dent.	1Pc 철재 파이프 1부분 끝부분이 우그러졌음
	1Sheet steel plate extremely(heavily) rusty one side.	철판 1장이 약간(심하게) 한쪽 부분이 녹슬었음
	1Sheet steel plate partly rusty.	철판 1장이 부분적으로 녹슬었음
	1Sheet rusty due to salinity.	철판 1장이 염분으로 녹슬었음
	1Sheet white rusty.	철판 1장이 흰색으로 녹슬었음
Trunk (Suit Case)	1Trunk lock broken, content's socks 2pairs, camera 1pc & shirts 1sheet in.	1개 휴대용 가방 자물통이 부서져, 내용물이 양말 2켤레, 카메라 1대, 셔츠 1벌 있음
	1Trunk lock broken, content's 20in(Upc unknown).	1개 휴대용 가방 자물통이 부서져, 내용물이 총 20개 남았음(총 개수는 미상)

제**2**장 | 적중예상문제

01 화물을 적하·양하할 경우 그 화물에 대한 개수의 계산 또는 인도·인수의 증명을 위해 수량과 사고유무를 검사하고 발행한 서류는?

① 화물검수표(Cargo Tally Sheet)
② 화물상태보고서(Cargo Exception Report)
③ 일일화물작업보고서(Cargo Daily Operation Report)
④ 화물과·부족보고서(Over landed / Short landed Report)

02 탱크, 광석, 석탄 운반선 등이 수송하는 화물은?

① 산적화물　　　　　　　　　　② 일반화물
③ 정량화물　　　　　　　　　　④ 위험화물

03 선박측에서 발행한 M/R에 의하여 선주 또는 선박대리점에서 발행하며, 양하항에서 수하주가 화물을 인수할 때 반드시 필요한 서류는?

① 신용장　　　　　　　　　　　② 선하증권
③ 부두 수취증　　　　　　　　　④ 본선 인수증

04 하역비 부담조건으로서 적하·양하시 선내 하역비를 하주가 부담하는 조건은?

① FI　　　　　　　　　　　　　② FO
③ FIO　　　　　　　　　　　　④ Berth Term

05 하역비 부담조건으로서 적하 시 하역비(Stevedore Fee)를 하주가 부담하는 조건은?

① FI　　　　　　　　　　② FO
③ FIO　　　　　　　　　④ Berth Term

06 화인(Cargo Mark) 중에서 아래와 같은 표시는?

① 부기호
② 주기호
③ 원산지 기호
④ 품질 기호

07 선적지시서(S/O) 중 붉은 종이로 되어 있거나 붉은 선을 넣은 경우 어떤 화물에 대한 것인가?

① 장척화물　　　　　　　② 정량화물
③ 위험화물　　　　　　　④ 중량화물

08 본선명, 작업장소, 작업일시, 하역회사명, 작업내용, 화물상태 이상 유무, 사고화물에 대한 책임한계 등을 검수사가 기록하는 서류는?

① 화물검수표(Cargo Tally Sheet)
② 화물수화목록(Cargo Booking List)
③ 화물상태보고서(Cargo Exception Report)
④ 일일화물작업보고서(Cargo Daily Operation Report)

09 냉동화물에 관한 적요 중 잘못 연결된 것은?

① 응고된 것 - Dented
② 냉동이 풀린 것 - Soft
③ 꼬리가 절단된 것 - Tail Cut
④ 머리가 부서진 것 - Head Crushed

10 의복·종이 등을 싸서 묶는 것에 대한 포장용어는?

① Bag
② Bar
③ Bale
④ Barrel

11 현재 사고가 발생하지는 않았지만 운반기간 중 내품의 변질, 손상, 외부포장의 파손 등 예기치 않은 손상 혹은 사고가 생길 우려가 있을 경우 이를 대비하여 기입하는 적요는?

① 실제적요
② 일반적요
③ 가상적요
④ 현재적요

12 창구별 화물명세서의 약자는?

① F/O
② T/L
③ H/L
④ B/L

13 선적지시서의 약자는?

① S/O
② F/L
③ H/L
④ B/L

14 Fine Cargo에 해당하는 화물은?

① Textile   ② Sugar

③ Bottle Wine   ④ Car

15 Bulk Cargo에 해당하지 않는 것은?

① 차(Tea)   ② 설탕(Sugar)

③ 석탄(Coal)   ④ 시멘트(Cement)

16 Liquid Cargo에 해당하는 화물은?

① Oil

② Tea

③ Textile

④ Carbon Black

17 Dirty Cargo에 해당하는 화물은?

① Car   ② Tea

③ Textile   ④ Carbon Black

18 검수 적요 중 'About 7% of scrap mixed.'란 무슨 뜻인가?

① Scrap이 약 7% 엉켜 있다.

② Scrap 중 약 7%만 혼입시켜라.

③ 약 7%의 Scrap이 혼입되어 있다.

④ Scrap을 약 7% 혼합 적재하였다.

19 다음 용어 중 잘못 연결된 것은?

① B/L - 선하증권 ② S/R - 선적신청서
③ M/R - 본선수취증 ④ S/O - 화물인도지시서

20 일반화물에 해당하지 않는 것은?

① Clean Cargo ② Dirty Cargo
③ Liquid Cargo ④ Explosive Cargo

21 Bulk Cargo에 해당하지 않는 것은?

① 곡 물 ② 석 탄
③ 시멘트 ④ 자동차

22 Rough Cargo에 해당하는 것은?

① 피 혁 ② 와 인
③ 직 물 ④ 가마니

23 Dirty Cargo에 해당하지 않는 것은?

① 솜 ② 피 혁
③ 카 본 ④ 알루미늄

24 화학작용이나 습기, 발열, 용해, 악취, 응고 등의 반응을 나타내는 화물은?

① Clean Cargo ② Dirty Cargo
③ Liquid Cargo ④ Rough Cargo

25 다음의 표현은 어느 적요에 해당하는가?

> Bulk cargo wet slightly and stinking

① 특수적요　　　　　　② 일반적요
③ 가상적요　　　　　　④ 현재적요

26 일반화물의 현재적요에 사용되는 용어를 잘못 설명한 것은?

① Rattling – 내품이 소리가 나는 것
② Bent – 구부러진 것
③ Discolored – 색을 칠함
④ Bung Off – 마개가 빠짐

27 일반화물의 현재적요에 사용되는 용어를 잘못 설명한 것은?

① Bottom – 윗부분
② Broken – 파손된 것
③ Bulge Out – 불룩 튀어 나온 것
④ Broken Off – 파손되어 떨어져 나간 것

28 일반화물의 현재적요에 사용되는 용어를 잘못 설명한 것은?

① Cut Off – 잘려 나간 것
② Cracked – 녹이 생긴 것
③ Cap Off – 뚜껑이 떨어진 것
④ Caked – 내용물이 굳어진 것

29 일반화물의 현재적요에 사용되는 용어를 잘못 설명한 것은?

① Dented - 굳어진 것   ② Dissolved - 용해된 것

③ Evaporation - 증발   ④ Edge Chafe - 끝이 깎인 것

30 다음의 표현은 어느 적요에 해당하는가?

> S/N/R for evaporation

① 특수적요   ② 일반적요

③ 가상적요   ④ 현재적요

참고

S/N/R : Ship's Not Responsible
운송사는 책임지지 않음(선주 면책조항)

31 특수화물(Special Cargo)을 검수할 때 주로 사용하는 검수방법은?

① Mark Tally   ② Sling Tally

③ Number Tally   ④ Check Book Tally

32 단일화물을 검수할 때 주로 사용하는 검수방법은?

① Stick Tally   ② Sling Tally

③ Number Tally   ④ Check Book Tally

33 산적화물(散積貨物, Bulk Cargo)을 검수할 때 주로 사용하는 검수방법은?

① Stick Tally   ② Bucket Tally

③ Number Tally   ④ Check Book Tally

34 화물을 파렛트 또는 화물네트를 이용하고, 주로 창고 내 또는 야적장에서 사용하는 검수방법은?

① Pile Tally ② Sling Tally
③ Number Tally ④ Counter Machine Tally

35 포장의 종류가 아닌 것은?

① 개 장 ② 내 장
③ 외 장 ④ 중복포장

> **참고**
> 개장은 낱포장, 내장은 속포장, 외장은 겉포장이라고도 한다.

36 물품을 소매단위로 하나하나 개별적으로 포장하는 것은?

① 개 장 ② 내 장
③ 외 장 ④ 중복포장

37 특수화물에 해당하는 것은?

① Fine Cargo ② Liquid Cargo
③ Dirty Cargo ④ Inflammable Cargo

38 우천 작업으로 인해 종이 상자가 젖은 상태는?

① Wet by sea water.
② Stains by the sweat.
③ Content's stained by oil.
④ Carton wet owing to rain work.

39 화물 8묶음이 과적되었음을 나타내는 적요는?

① 8Bdls short out.

② 8Bdls over board.

③ 8Bdls over landed.

④ 8Bdls short shipped.

40 현재적요(Conditional Remark)에 사용되는 용어로서 재봉인을 뜻하는 것은?

① Repacked   ② Rechecked

③ Resealed   ④ Re-weighted

41 화물을 양하 · 적하할 때 발생하는 손상, 파손, 손실, 기타 모든 화물의 상태를 기입하는 적요는?

① 현재적요   ② 일반적요

③ 가상적요   ④ 특수적요

42 일반적요에 해당하는 것은?

① 1Bdl discolored.

② 2Bgs content's caked each.

③ 1Dr leaking, content's empty.

④ S/N/R for bundle off & shortage of contents.

43 다음 중 '선적지시서'는?

① Bill of Lading   ② Shipping Order

③ Mate's Receipt   ④ Delivery Order

44 화물기호 중 주의표시(Care Mark)에서 갈고리 사용금지를 뜻하는 것은?

① No hooks.　　　　　② Keep dry.
③ This side up.　　　　④ Handle with care.

45 '본선 수취증'을 영문으로 표기한 것은?

① Manifest　　　　　② Booking List
③ Stowage Plan　　　④ Mate's Receipt

46 목재 수출품을 본선에 인도하고 선박회사로부터 선하증권을 발급 받았을 경우 이 B/L은?

① Custody B/L
② Through B/L
③ Transshipment B/L
④ Received for shipment B/L

47 재포장을 뜻하는 적요는?

① Repacked
② Rechecked
③ Resealed
④ Re-weighted

48 '적하목록'을 영문으로 표기한 것은?

① Manifest　　　　　② Booking List
③ Stowage Plan　　　④ Mate's Receipt

49 '적하계획'을 영문으로 표기한 것은?

① Manifest
② Delivery Plan
③ Stowage Plan
④ Transport Plan

50 화물선적 중에 발생한 화물의 손상 내용을 모두 정리한 서류는?

① Tally Sheet
② Damage Report
③ Exception List
④ Surveyor Report

51 'Clean Cargo'의 뜻은?

① 산적화물
② 단위화물
③ 중량화물
④ 청결화물

참고

Clean Cargo : 청결화물(Fine Cargo, 정량화물이라고도 함)

52 와인, 기름, 화학류 제품에 해당하는 것은?

① Dirty Cargo
② Clean Cargo
③ Rough Cargo
④ Liquid Cargo

53 화학작용이나 습기, 발열, 용해, 악취, 응고 등의 반응을 나타내는 것은?

① Dirty Cargo
② Clean Cargo
③ Rough Cargo
④ Liquid Cargo

54 보기 중 뜻이 다른 것은?

① Bent – 구부러진 것

② Bung off – 포장이 벗겨진 것

③ Discolored – 변색된 것

④ Bulge out – 불룩 튀어 나온 것

55 다음 중 뜻이 옳지 않은 것은?

① Edge broken – 끝부분이 파손된 것

② Slightly dented – 미끄러져 우그러진 것

③ Damaged by heat – 열에 의해 손상된 것

④ Fell over board – 하역 중 화물이 바다에 빠진 것

56 다음 중 연결이 잘못된 것은?

① Hitch Cargo – 연결화물

② Through Cargo – 통과화물

③ Refrigerating Cargo – 중개무역화물

④ Optional Cargo – 양륙항 선택화물

57 화물상태를 나타내는 다음 용어 중 '위험물'에 해당하는 것은?

① Wet Cargo　　　　　　② General Cargo

③ Valuable Cargo　　　　④ Dangerous Cargo

58 'Consignee Checker'에 해당하는 것은?

① 수석 검수사　　　　　② 보조 검수사

③ 본선 측 검수사　　　　④ 수하주 측 검수사

59 포장의 용어 중 'CTN'은 무엇을 나타내는 약어인가?

① 포 대　　　　　　　　② 다 발

③ 상 자　　　　　　　　④ 종이상자

60 포장의 용어 중 'CNTR'은 무엇을 나타내는 약어인가?

① 묶 음　　　　　　　　② 양철통

③ 종이박스　　　　　　④ 컨테이너

61 양하·적하 검수시 선박회사와 세관에 모두 제출해야 하는 서류는?

① Booking List

② Stowage Plan

③ Cargo Damage Report

④ Overland / Short Report

62 '고가품'을 나타내는 용어는?

① Valuable Cargo

② Perishable Cargo

③ Refrigerating Cargo

④ Live Stock and Plants

63 'Quality Mark'란 무엇인가?

① 화물의 품질표시　　　② 화물의 원산지 표시

③ 화물의 중량표시　　　④ 화물의 목적지 표시

64 항내에서 선박을 정박시킬 수 있는 장소는?

① Berth
② Apron
③ Marshaling Yard
④ Container Yard

65 '선창 밑 화물'을 뜻하는 것은?

① Deck Cargo
② Hold Cargo
③ Ballast Cargo
④ Transshipment Cargo

66 '장척화물'을 뜻하는 것은?

① Metal Cargo
② Refrigerated Cargo
③ Lengthy Cargo
④ Perishable Cargo

67 다음의 General Remark가 의미하는 것은?

> S/N/R for Evaporation.

① 깨지기 쉬운 화물로 사고 발생시 운송인 책임이 없음
② 발열하기 쉬운 화물로 사고 발생시 운송인 책임이 없음
③ 용해되기 쉬운 화물로 사고 발생시 운송인 책임이 없음
④ 굳어지기 쉬운 화물로 사고 발생시 운송인 책임이 없음

68 해상운송에 있어 운송 중에 있는 화물을 대표하는 유가증권은?

① 보증장
② 적하목록
③ 선하증권
④ 본선 인수증

69 선박에서 화물을 작업할 때 감독 총책임자는 누구인가?

① 하 주
② 갑판장
③ 선 원
④ 일등항해사

70 화물사고와 검수사고의 비교 중 틀린 것은?

① 검수사고는 검수사의 책임이다.
② 화물사고는 검수사의 책임이 아니다.
③ 화물사고를 확인하지 못한 것은 검수사고에 해당한다.
④ 화물개수의 과・부족이 발생되었을 때는 항상 검수사, 선박회사, 하주가 공동책임을 진다.

71 본선이 출항하면 속히 송부되어야 하는 서류가 아닌 것은?

① B/L Copy
② Exception List
③ Stowage Plan
④ Delivery Order

72 '수평을 유지할 것'을 뜻하는 말은?

① Keep dry.
② Stow level.
③ This side up.
④ Use no hook.

73 다음 중 '금속화물'에 해당하는 단어는?

① Bulk Cargo
② Metal Cargo
③ Special Cargo
④ General Cargo

74 증발하기 쉬운 화물을 나타내는 'General Remark'는?

① S/N/R for wet.
② S/N/R for rusting.
③ S/N/R for melting.
④ S/N/R for evaporation.

75 특수화물 및 수량이 적은 종류의 화물검수에 사용되며 본선, 창고, 육상 등에서 인수자와 인도자 간에 검수결과를 서로 대조하는 검수표에 기재하는 방법은?

① Sling Tally
② Stick Tally
③ Mark Tally
④ Check Book Tally

76 수출·수입하는 일반화물 검수의 근거가 되는 서류로서 선박회사가 세관에 제출하는 것은?

① 검수표
② 선하증권
③ 적하목록
④ 인도지시서

77 선적지시서(Shipping Order)상에 기재된 화물의 개수, 기호 등의 상태를 확인한 후 그 결과를 검수표에 기재하는 검수방법은?

① Mark Tally
② Sling Tally
③ Bucket Tally
④ Number Tally

78 M/F, S/O, D/R 등에 표기된 화물기호, 적하지, 양하지를 검수표에 미리 기재한 후 검수를 행하는 검수방법은?

① Mark Tally
② Sling Tally
③ Number Tally
④ Check Book Tally

79 철재로 된 하역용기 등을 이용하여 선적화물의 평균중량을 기준으로 하역작업 횟수를 검수표에 기재하는 검수방법으로서 주로 Bulk Cargo에 적용되는 것은?

① Pile Tally　　　　　　　　② Stick Tally

③ Bucket Tally　　　　　　　④ Count Machine Tally

80 검수표 작성시 유의사항에 관한 것이다. 틀린 것은?

① 단일화물이 파손되었을 때는 검척(檢尺)을 원칙으로 한다.

② 선상에서 파손화물의 상태를 파악할 수 없을 때는 육상에서 재검수를 하도록 한다.

③ 작업 중 선박의 흔들림에 의해 화물이 파손되었을 때는 검수표상에 운송사의 책임으로 기록해 둔다.

④ 화물이 파손되었을 때 당직사관이나 하주 대리인이 확인하게 하고 검수표상에 입회인의 서명을 받는다.

81 특수화물, 컨테이너 화물, 자동차, 고가품 등의 화물을 검수할 때 사용하는 검수방법은?

① Mark Tally　　　　　　　② Sling Tally

③ Number Tally　　　　　　④ Checkbook Tally

82 파렛트, 화물네트 등에 일정한 방식으로 화물을 적재하여 적재 숫자를 가로, 세로, 높이를 곱하여 총 개수를 산출하여 검수표에 기재하는 검수방법은?

① Pile Tally　　　　　　　　② Stick Tally

③ Checkbook Tally　　　　　④ Number Tally

83 수입지에 입항한 선박에서 적하목록과 대조하여 발행하는 화물의 이상 유무에 대한 증명서로서 작업현장에서 검수사에 의해 최초로 작성된 검수표를 기초로 하여 작성되는 서류는?

① Packing List
② Rechecking List
③ Exception Report
④ Cargo Boat Note

84 수출 · 수입에 관한 설명으로 옳지 않은 것은?

① Boat Note는 양하화물을 화주에게 인도했음을 증명하는 서류이다.
② Hatch List는 양하계획을 수립할 때 사용되는 것으로서 각 선창에 적부되어 있는 화물의 종류 및 양 등을 표시한다.
③ Delivery Order는 선박회사가 창고 또는 본선에 대하여 이를 제시하는 사람에게 화물을 인도할 것을 지시하는 서류이다.
④ Tally Sheet란 검수사가 사고의 원인을 분석하고 결과를 기입하여 화주에게 보내게 되면 차후 화주의 손해배상 청구시 증거자료로 활용된다.

85 하역관계 서류 중에서 선박회사가 발행하는 것은?

① 검수표
② 보험증권
③ 선적요청서
④ 화물인도지시서

86 주로 창고 내, 야적장에서 대량의 동일 화물 검수에 사용하는 방법으로 팔레트, 화물네트 등을 이용하여 실시하는 검수방법은?

① Pile Tally
② Stick Tally
③ Checkbook Tally
④ Number Tally

87 선박회사에서 발행하는 서류가 아닌 것은?

① Shipping Order ② Bill of Lading
③ Delivery Order ④ Shipping Request

88 하주로부터 수출화물을 인수한 후 일등항해사가 발행하는 서류는?

① 선하증권 ② 화물인도지시서
③ 검수표 ④ 본선인수증

89 하주가 선하증권을 발급받기 위해서 선박회사에 제출하는 서류는?

① 검수표 ② 보험증권
③ 본선인수증 ④ 화물인도지시서

90 목적항에 도착할 때까지 처음 운송을 한 운송회사가 발급한 B/L로서, 전 구간에 걸쳐 유효한 선하증권은?

① 선적선하증권 ② 통과선하증권
③ 지시선하증권 ④ 수취선하증권

91 수입을 하는 하주가 수입품을 인수하기 위하여 선하증권 원본을 제출하면 선박회사가 발행해 주는 서류는?

① 상품송장 ② 본선수취증
③ 인도지시서 ④ 선적지시서

87 ④ 88 ④ 89 ③ 90 ② 91 ③ **정답**

92 수출화물의 선적이 끝나면 즉시 발행되는 증권은?

① 선적선하증권   ② 수취선하증권

③ 지시선하증권   ④ 무사고선하증권

93 선적화물이 S/O와 일치하고 양호한 상태일 때 B/L의 해당란에 아무런 Remark를 하지 않는 증권은?

① 선적선하증권   ② 기명식선하증권

③ 지시식선하증권   ④ 무사고선하증권

94 본선인수증(M/R)에 관한 설명 중에서 틀린 것은?

① 본선인수증은 본선수취증이라고도 한다.

② 본선인수증을 기초로 하여 화물인도지시서를 발급한다.

③ 본선인수증은 선박이 선적화물에 대하여 그 선적한 화물의 양, 상태 등을 기입한 화물인수증이다.

④ 본선인수증은 선박이 인수한 화물에 대하여 화주를 대리하는 자가 선상에 있으면 합의하여 일등항해사가 작성·발급한다.

95 선하증권에 관한 설명 중에서 틀린 것은?

① 본선에서 발행한 본선인수증과 교환하여 화주에게 발급하는 서류이다.

② 송화주가 환은행에 화환어음을 발급할 때 사용되는 서류이므로 중요하다.

③ 하주에게 선박회사가 선하증권면에 표기한 화물을 그 상태 그대로 목적항에서 지급할 것을 약속한 유가증권이라고 할 수 있다.

④ 선박을 정기 용선하였을 때 선적 화물에 대하여 선주가 용선자에게 발급하는 화물 인수증이다.

96 다음 용어 중 잘못 연결된 것은?

① B/L – 선하증권
② S/R – 선적신청서
③ M/R – 본선수취증
④ S/O – 화물인도증명서

97 송화인이 지시하는 자에게 선적화물을 인도할 것을 약정한 선하증권(B/L)은?

① 선적 선하증권(Shipped B/L)
② 지시식 선하증권(Order B/L)
③ 통과 선하증권(Through B/L)
④ 기명식 선하증권(Straight B/L)

98 선적 또는 운송 도중에 사고가 예상될 때 일등항해사가 본선인수증(M/R)에 비고(Remark)를 기재하고 이를 통해서 발행하는 선하증권은?

① Foul B/L   ② Clean B/L
③ Through B/L   ④ Shipped B/L

99 다음이 설명하는 것은?

> 화물을 선적할 때 발생되었거나 하역 중 나타난 파손, 손실 등의 전반적인 상태를 기입한 서류

① Cargo Receipt
② Cargo Stowage Plan
③ Cargo Loading Exception Report
④ Cargo Over Landed / Short Landed Report

100 다음이 설명하는 것은?

> 선적화물의 적하장소를 표시하며 양하와 적하 항구명칭, 개수, 품명, 중량톤수, 용적톤수 등을 색깔별로 마크나 선의 구별로 양하항을 표시하여 선박의 적하작업시 참고자료이다.

① Cargo Receipt
② Delivery Order
③ Cargo Boat Note
④ Cargo Stowage Plan

101 양하·적하시 선박회사에 제출해야 하는 서류가 아닌 것은?

① Tally Sheet
② Cargo Boat Note
③ Unstuffing List
④ Daily Operation Report

102 화물의 특성이 다른 하나는?

① Liquid Cargo
② Dangerous Cargo
③ Explosive Cargo
④ Inflammable Cargo

103 야채, 과일 등과 같은 화물을 무엇이라 하는가?

① Bulky Cargo
② Metal Cargo
③ Perishable Cargo
④ Refrigerated Cargo

104 양곡이 든 가마니는 화물의 품질 분류상 어디에 속하는가?

① Clean Cargo
② Liquid Cargo
③ Dirty Cargo
④ Rough Cargo

105 다음 중 'Bulky Cargo'에 해당하는 화물은?

① 야 채   ② 보 트

③ 면직물   ④ 시멘트

106 화물의 품질 분류상 생피화물은 어디에 속하는가?

① Clean Cargo   ② Dirty Cargo

③ Rough Cargo   ④ Liquid Cargo

107 다음 화물 중 'Valuable Cargo'에 해당하는 것은?

① 금   ② 피 혁

③ 야 채   ④ 와 인

108 '항공기'는 어느 화물에 해당하는가?

① Bulky Cargo   ② Rough Cargo

③ Heavy Cargo   ④ Metal Cargo

109 화물이 중량이면서 목적지가 마지막으로 도착하는 항만일 경우, 이 화물을 선박의 어느 위치에 적재하는 것이 바람직한가?

① 갑 판   ② 선 창

③ 선 수   ④ 선저부위

110 화물의 적재 장소를 고려할 때 과일이나 야채 등과 같은 화물을 무엇이라 하는가?

① Heavy Cargo   ② Locker Cargo

③ Ballast Cargo   ④ Ventilation Cargo

111 길이가 12m 이상 되는 철재 파이프 등과 같은 화물은?

① Ballast Cargo
② Bulky Cargo
③ Heavy Cargo
④ Lengthy Cargo

112 다음 중 위험화물에 속하지 않는 것은?

① Explosive
② Heavy Cargo
③ Inflammable Liquid
④ Compressed Gas

113 포장 형태 중 소포물에 해당하는 것은?

① Box Cargo
② Case Cargo
③ Ingot Cargo
④ Parcel Cargo

114 운송목적에 따라 화물을 분류하려고 한다. 이때 선적지시서상에 표시된 행선지항에 화물을 양하한 후 하주가 제3국으로 다시 수출하는 화물을 무엇이라고 하는가?

① Hitch Cargo
② Switch Cargo
③ Through Cargo
④ Optional Cargo

115 동일계약의 수출화물을 각기 다른 복수 항에서 분할 선적하는 연결화물은?

① Hitch Cargo
② Switch Cargo
③ Through Cargo
④ Transshipment Cargo

116 주로 부정기선(Tramper)을 이용하여 수송되는 화물은?

① 저가화물
② 액체화물
③ 벌크화물
④ 일반화물

117 정기선(Line)운송에 관한 설명으로 옳지 않은 것은?

① 개품운송 계약을 체결한다.
② 불특정 다수의 하주가 이용한다.
③ 완제품이나 반제품이 주 운송 대상 화물이다.
④ 운임은 수요와 공급에 의해 자율 결정되며 변동폭이 큰 편이다.

118 당해 항구의 하역방법 및 하역능력에 따라 가능한 신속하게 하역한다는 조건은?

① Demurrage
② Running Laydays
③ Weather Working Days
④ CQD(Customary Quick Dispatch)

119 선적항에서 화물을 선측에서 선내까지 싣는 과정의 비용 및 위험부담은 화주(Shipper)가 책임지고, 양하항 도착 후 본선에서 부두로 양하할 때의 하역비 및 위험부담을 운송인인 선주가 책임지는 하역조건은?

① FI
② FO
③ FIO
④ Berth Terms

120 주로 개품운송계약에 이용되는 하역비용 부담조건은?

① FI
② FO
③ FIO
④ Berth Terms

121 화물의 적하 · 양하시 발생하는 선내 하역비를 모두 운송인인 선주가 부담하는 하역비 부담조건은?

① FI
② FO
③ FIO
④ Berth Term

122 적하·양하 시 선내하역임(Stevedore Fee)을 모두 하주가 부담하는 조건은?

① FI
② FO
③ FIO
④ Berth Term

123 항비, 적하·양하 하역비 및 연안 부선하역비를 모두 화주가 부담하는 조건으로서 이 경우 운임이 순수 운송비가 되는 것은?

① Net Term
② Gross Term
③ Liner Term
④ Berth Term

124 'ETD'가 나타내는 뜻은?

① 선박출항 예정시간
② 선박도착 예정시간
③ 화물선적 예정시간
④ 화물양하 예정시간

125 'ETA'가 나타내는 뜻은?

① 선박출항 예정시간
② 선박도착 예정시간
③ 화물선적 예정시간
④ 화물양하 예정시간

126 낱개로 포장된 물품을 취급하거나 수송하기 쉽도록 일정한 양의 개장품을 묶어 다시 포장하는 것은?

① 개 장
② 내 장
③ 외 장
④ 중복포장

127 다음이 설명하는 포장 방법은?

> 운송 중 화물의 변질, 파손, 도난, 분실, 멸실 등을 방지하고 하역이 편리하도록 몇 개의 내장을 목재나 골판지 등으로 된 상자에 다시 포장한다.

① 개 장   ② 내 장
③ 외 장   ④ 중복포장

128 선적화물의 포장 요건으로서 옳지 못한 것은?

① 포장 재료는 청결·건조·강력해야 한다.
② 포장형태가 잘 정비될 수 있도록 내용품에 적합한 용기나 재료로써 가공을 완전하게 해야 한다.
③ 포장의 용적과 중량을 될 수 있는 한 경감시킬 수 있도록 가공해야 한다.
④ 운송상의 안전을 위하여 포장의 넓이는 가능한 크게 한다.

129 포장의 의장 중 보기 쉬운 곳에 삼각형, 원형 등의 도형을 표시하고 그 안에 상호 또는 상표의 약자를 표기하는 것은?

① 주기호   ② 부기호
③ 주의 표시   ④ 중량 표시

130 화인(Cargo Mark) 중 필수 기재사항에 해당하는 것은?

① Port Mark
② Care Mark
③ Quantity Mark
④ Counter Mark

131 화인(Cargo Mark) 중 임의 기재사항에 해당하는 것은?

① Care Mark　　　　　　② Main Mark

③ Export Mark　　　　　④ Case Number

132 화인(Cargo Mark) 중 'Country or Origin Mark'의 명칭은?

① 생산자 표시　　　　　② 원산지 표시

③ 출항국가 표시　　　　④ 입항국가 표시

133 화인(Cargo Mark) 중 'Port Mark'의 명칭은?

① 출발항구 표시　　　　② 도착항구 표시

③ 하역항구 표시　　　　④ 선적항구 표시

134 화인(Cargo Mark) 중 화물의 운임계산, 통관, 하역작업, 적부 등을 쉽게 할 수 있도록 표시한 것은?

① 주화인　　　　　　　② 부화인

③ 주의 표시　　　　　　④ 중량 표시

135 선창 밑부분에 선박의 균형을 위해 적재하는 화물은?

① Deck Cargo

② Hold Cargo

③ Ballast Cargo

④ Transshipment Cargo

136 도착항구 표시(Port Mark) 중 해상, 육상 접속 운송을 하는 경우에 해당하는 것은?

① BUSAN IN TRANSIT

② NEW YORK VIA SEATTLE

③ LONG BEACH OCP SEATTLE

④ PORT OF DISCHARGE : PYEONGTAEK, KOERA

> **참고**
>
> OCP화물(Overland Common Point Cargo) : 오지행 화물(미국의 로키산맥 동쪽의 먼 지점을 지정하여 태평양 연안을 경유하여 수송되는 화물을 말함. 특정운임이 적용됨)

137 화인(Cargo Mark) 중에서 Quantity Mark가 나타내는 것은?

① 화물의 수량을 표시한다. ② 화물의 품질을 표시한다.

③ 화물의 생산자를 표시한다. ④ 화물의 검사완료를 표시한다.

138 화인(Cargo Mark) 중에서 Quality Mark가 나타내는 것은?

① 화물의 수량을 표시한다.

② 화물의 품질을 표시한다.

③ 화물의 생산자를 표시한다.

④ 화물의 검사완료를 표시한다.

139 화물의 Care Mark 중 'No Hook'는 어느 경우에 적합한가?

① 생피화물 ② 장척화물

③ 중량화물 ④ 용적화물

140 화물의 취급에 따른 주의마크 표시 중 반드시 'Keep dry'라는 표시를 해야 하는 화물은?

① 말   ② 야 채

③ 도자기   ④ 시멘트

141 화인을 표시함에 있어 취급주의를 표시할 때 'Perishable Goods'에 가장 적합한 것은?

① Fragile.   ② No hook.

③ Keep dry.   ④ Keep in cool.

142 '냉장고'를 포장하여 의장상에 표시하는 Care Mark로서 가장 알맞은 것은?

① Fragile.   ② Valuable

③ This side up.   ④ Keep from heat.

143 아래의 Care Mark가 뜻하는 것은?

① Fragile.   ② No hook.

③ Keep dry.   ④ Keep in cool.

144 포장의 의장상에 'Don't crush'라고 표시되어 있다면 화물을 양하할 때 검수사가 우선적으로 확인해야 할 사항은?

① 화물의 파손 여부　　　　　　② 화물의 개수 여부

③ 화물의 종류 여부　　　　　　④ 화물의 송·수하인 명칭 여부

145 포장에 사용되는 용어 중 'Bale'을 바르게 설명한 것은?

① 철봉, 목재 등을 묶은 것

② 약품, 주류 등을 포장한 것

③ 원면, 의류, 종이 등으로 싸서 묶은 것

④ 콩, 쌀, 밀, 사탕, 커피 등을 포장한 것

146 포장형태의 용어에 관한 내용이 잘못 묶인 것은?

① Bottle … BTL … 병　　　　② Case … C/S … 상자

③ Bundle … BDL … 묶음　　　④ Carton … CTN … 나무상자

147 화물의 내용물과 포장 단위의 약자가 서로 잘못 묶인 것은?

① B/G … 쌀　　　　　　② BTL … 와인

③ BRL … 포도주　　　　④ DRM … 의류

148 포장에 사용되는 용어 중 'Head, H/D'를 바르게 설명한 것은?

① 광석, 곡류, 사료 등을 나타냄

② 소, 말, 양 등의 마릿수를 나타냄

③ 철선, 염료 등의 화물의 포장을 나타냄

④ 포도주, 기타 액체 등의 화물의 포장을 나타냄

149 다음 중 화물사고에 해당하지 않는 것은?

① 이상 기온으로 인한 내품의 감소

② 기상 악화로 인한 선장의 적하물 처분

③ 다른 화물과의 혼적으로 인한 화물분실

④ 선적화물에 대한 손상화물의 미발견으로 인한 변상 사고

150 다음이 설명하는 것은?

> 화물개수에 대한 검수 착오, 손상화물의 미발견, 선적화물의 적재위치 착오로 인한 다음 기항지에서 화물이적 추가 비용 등을 발생시키는 사고이다.

① 검수사고　　　　　　　　② 화물사고

③ 운송사고　　　　　　　　④ 하역사고

151 다음이 설명하는 것은?

> 화물을 양하·적하할 때 발생하는 손상, 파손, 손실, 기타 모든 상태를 기입하는 적요로서 하역 작업이 진행되는 과정에서 하역인부의 실수나 혹은 장비, 기후, 운송수단, 기타의 원인 등에 의해서 발생된 화물사고의 상황을 그대로 기입하는 적요이다.

① 현재적요　　　　　　　　② 일반적요

③ 공동적요　　　　　　　　④ 특수적요

152 다음이 설명하는 것은?

> 화물종류 또는 포장상태에 따라 운반기간 중 내품의 변질, 손상, 외부포장의 파손 등 예기치 않은 손상 혹은 사고가 생길 우려가 있으므로 이에 대비하여 기입하는 적요이다.

① 현재적요　　　　　　　　② 일반적요

③ 실제적요　　　　　　　　④ 특수적요

153 다음 적요(Remark)에 대한 설명으로 옳지 않은 것은?

> S/N/R for Breakage of bags & loss of Contents.

① 일반적요(General Remark)에 대한 표현이다.
② 운송사(본선)는 화물의 손상에 대해 책임이 없다.
③ 현재 발생된 화물의 손상상태에 대해 기재하고 있다.
④ 운송 중 화물의 손상이 발생할 경우를 대비하기 위해 기재한다.

참고

S/N/R : Ship's Not Responsible

154 본선 인수증(M/R)에 기입되는 일반적요(General Remark)가 아닌 것은?

① Perishable cargo at shipper's risk.
② Unprotected cargo S/N/R for damages.
③ 1Ctn(#5) torn, seal off, resealed on board.
④ S/N/R for bundle off & shortage of contents.

155 현재적요(Conditional or Exceptional Remark)가 아닌 것은?

① 1Cs(#1) broken only.
② 2Bags cover wet by oil each.
③ Liquid cargo, S/N/R for breakage & leakage of contents.
④ 1Trunk lock broken, content's socks 2pairs, camera 1pc & shirts 1sheet in.

156 운송 중에 화물 사고가 발생하지 않으면 화물 인도시 Remark의 효력이 없어지는 것은?

① 7C/s short.

② Loaded in snow.

③ 1Dr dented content's leaking.

④ 1Bdl inner 1sheet hooks hole.

157 Remark가 'Perishable cargo at shipper's risk.'와 같이 기재되었다면 이와 관련된 화물은?

① 쌀   ② 사 과

③ 석 탄   ④ 시멘트

158 다음은 어떤 화물에 대한 손상 정도를 나타내는 적요이다. 관련된 화물은?

> 5 Sheets hold by hook.

① 유류제품   ② 생피화물

③ 유리제품   ④ 실(Yarn)화물

159 다음 산적화물에 대한 적요를 바르게 해석한 것은?

> Bulk cargo wet slightly and stinking.

① 화물이 약간 물에 젖어서 새고 있다.

② 화물이 약간 물에 젖어서 굳어졌다.

③ 화물이 약간 물에 젖어서 습기가 찼다.

④ 화물이 약간 물에 젖어서 악취가 난다.

160 'Salt, 3bags torn, content's about 20% missing.'과 같이 표기된 적요를 바르게 해석한 것은?

① 소금 3포대가 낡아서 내용물이 약 20%가 소실되었다.
② 소금 3포대가 젖어서 내용물이 약 20%가 소실되었다.
③ 소금 3포대가 굳어져서 내용물이 약 20%가 소실되었다.
④ 소금 3포대가 찢어져서 내용물이 약 20%가 소실되었다.

161 다음은 어떤 화물에 대한 적요기재 내용인가?

> Frail packing S/N/R for breakage & loss of contents.

① 포장이 잘 되어 신선도가 유지되는 육류, 어류 등의 화물
② 포장이 견고하여 한 겹으로 포장을 한 곡물류, 비료 등의 화물
③ 포장이 부실하여 굽어지거나 녹슬어 상품가치가 손상되기 쉬운 화물
④ 포장이 약하여 파손과 내용물의 손실이 우려되는 설탕이나 밀가루류의 화물

162 화물선적에 대한 설명으로 옳지 않은 것은?

① 선적화물은 화물상태가 양호해야 하며, 화물의 파손이나 부족한 상태로 선적해서는 안 된다.
② 일반적요는 화물종류 또는 포장상태에 따라 운송도중 화물의 손상 혹은 사고가 생길 우려가 있어 이에 대비하여 기재한다.
③ 화물자체 또는 포장상태가 외관상으로 볼 때 불완전한 것은 본선 측에서 선적을 거부할 수 있다.
④ 화물과 포장상태가 외관상 완전한 화물은 무적요로서 인수·인도가 이루어지며, 운송 도중에 일어나는 화물사고와 손상은 본선에 책임이 없다.

163 하역인부들이 하역작업을 할 때 본선하역설비의 낙후 및 불충분으로 인하여 일어난 사고에 대한 손해배상은 누구의 책임인가?

① 운송회사　　　　　　　　　② 검수사

③ 하역인부　　　　　　　　　④ 하역회사

164 다음 설명 중 옳지 않은 것은?

① 화물의 손상원인이 일반적인 주의로는 발견할 수 없는 잠재적인 하자에 의하였다는 사실을 입증하면 운송인은 책임을 면할 수 있다.

② 화물의 포장이 약하거나 더러워서 해당 화물이 손상을 입었거나 다른 화물에 손상을 입혔을 경우, 운송인은 배상해야 할 책임이 없다.

③ 악천후로 인하여 선적화물에 손상을 입혔을 때 화물관리에 대한 주의를 다하였다는 사실을 입증할 수 없으면 운송인은 배상책임을 면할 수 없다.

④ 운송화물에 대해 보관 관리상 알맞은 주의를 다하였으나 화물 자체의 성질에 의하여 일어난 사고에 대해서 운송인은 배상해야 할 책임을 지지 않는다.

165 화물사고가 발생하였을 경우 본선 측의 배상책임이 되지 않는 것은?

① 선내의 화물이 화재로 인하여 일부 불에 탔을 경우

② 본선에 선적하기 위해 본선 측에 운송된 철도화물이 소나기에 의하여 젖었을 경우

③ 운송 도중 심한 파도에 의해 선체 외관이 손상을 입어 화물이 해수에 젖었을 경우

④ 본선에 선적하기 위하여 본선에 나란히 접안한 부선의 화물이 풍랑에 의하여 화물이 젖을 경우

166 다음과 같은 적요가 기재되기에 적합한 화물은?

> S/N/R for death, escape, injury, and sickness.

① 소
② 야 채
③ 목 재
④ 자동차

167 다음과 같은 일반적요가 기재되었다면 그 의미로 적합한 것은?

> S/N/R for bundles off & shortage of contents.

① 한 겹으로 포장한 곡류, 비료 등의 화물손상시 본선 무책임
② 식물 등 말라죽기 쉬운 화물로서 화물손상시 본선 무책임
③ 유류, 도자기, 주류 등 액체화물로서 화물손상시 본선 무책임
④ 광석, 석탄, 목재 등의 벌크화물로서 화물손상시 본선 무책임

168 일반적요로서 'S/N/R for breakage & shortage arising their nature.'라고 기재되었다면 그 의미로 적합한 것은?

① 과일 등 부패하기 쉬운 화물로서 본선 무책임
② 요트, 자동차 등의 덮지 않은 화물로서 본선 무책임
③ 묶음이 절단되기 쉬운 금속화물 등의 화물로서 본선 무책임
④ 차, 콩류 등 화물 자체의 손상 및 수분 증발로 감량이 발생하기 쉬운 화물로서 본선 무책임

169 현재적요(Exceptional Remark)에 해당하는 표현은?

① S/N/R for melting.
② Perishable cargo at shipper's risk.
③ During load by stevedore(labours).
④ Transshipment cargo S/N/R for condition of contents.

170 현재적요로서 'Prior to load'로 기재된다면 그 의미로 적합한 것은?

① 수출화물로서 본선적하 전에 운송 중 또는 자체적 발생된 손상화물로 본선 무책임

② 수출화물로서 본선적하 중에 운송 중 또는 자체적 발생된 손상화물로 하주 무책임

③ 수입화물로서 본선적하 중에 운송 중 또는 자체적 발생된 손상화물로, 하역인부 무책임

④ 수입화물로서 본선적하 전에 운송 중 또는 자체적 발생된 손상화물로, 운송인이나 하주 무책임

171 현재적요로서 'Found in stow'로 기재된다면 그 의미로 적합한 것은?

① 수출화물로서 하역 전에 발견된 하주 책임의 손상화물

② 수출화물로서 하역 중에 발견된 본선 책임의 손상화물

③ 수입화물로서 하역 전에 발견된 본선 책임의 손상화물

④ 수입화물로서 하역 중에 발견된 하역인부 책임의 손상화물

172 현재적요로서 'During discharge by stevedore'로 기재되었다면 그 의미로 적합한 것은?

① 수출화물로서 본선에 적하하기 전에 하역인부에 의해 발생된 하역인부 책임의 손상화물

② 수입화물로서 본선에서 양하하는 중에 하역인부의 부주의로 인해 발생된 하역인부 책임의 손상화물

③ 수입화물로서 본선에서 양하 전에 하역인부의 부주의로 인해 발생된 하역인부 책임의 손상화물

④ 수입화물로서 본선에 적하하는 중에 하역인부의 부주의에 의해 발생된 하역인부 책임의 손상화물

173 일반화물의 현재적요에 사용되는 용어로서 그 관계가 옳지 않은 것은?

① Bags torn …… 포장이 찢어진 것
② Bung off …… 내용물이 굳어진 것
③ Cover chafed …… 포장이 마찰로 깎인 것
④ Fell over board …… 하역 중 화물이 바다에 빠진 것

174 일반화물의 현재적요에 사용되는 용어로서 그 관계가 옳은 것은?

① Frozen …… 통풍이 잘 되는
② Rattling …… 내품이 고정되어 있는 것
③ Melting down …… 이물질이 혼입된 것
④ Damaged by heat …… 열에 의해 손상된 것

175 일반화물에 대한 현재적요의 용어이다. 관계가 옳지 않은 것은?

① Repaired …… 재수리한 것
② Resealed …… 다시 봉인한 것
③ Rain work …… 우중(雨中)작업
④ Mark distinct …… 화인(Cargo Mark)이 불분명한 것

176 냉동화물에 대한 적요이다. 연결이 옳지 않은 것은?

① Caked …… 부패된 것
② Soft …… 냉동이 풀린 것
③ Tail cut …… 꼬리가 절단된 것
④ Head crushed …… 머리가 부서진 것

177 화물손상에 대한 적요표현 중 잘못 연결된 것은?

① Evaporation …… 혼합
② Frail case …… 상자가 약함
③ Bulge out …… 불룩 튀어나온 것
④ Cracked …… 금이 간(유리 등 단단한 물체)

178 일반화물의 현재적요에 사용되는 용어이다. 관계가 옳지 않은 것은?

① Spoiled …… 썩은 것
② Seal off(broken) …… 재봉인한 것
③ Old and frail case …… 헐고 약한 상자
④ Kept on board …… 양하하지 않고 본선에 남겨둔 것

179 검수작업을 할 때 화물의 부패, 응고, 습기 등에 주목해야 하는 것은?

① 식료품   ② 장척화물
③ 광석류   ④ 냉장화물

180 다음과 같은 검수사항은 어느 화물에 해당하는가?

> 이 화물은 이물질이 혼입될 경우 순도가 떨어지게 되고 부작용이 따른다. 그러므로 특별히 이물질의 혼입 여부에 주목해야 한다.

① 광석류   ② 기계류
③ 생피류   ④ 고가품

181 화물의 꼬리표(Tag)의 부착여부와 갈고리(Hook) 사용여부를 주목해서 확인하며 검수해야 하는 화물은?

① 생피류   ② 실(Yarn)

③ 액체류   ④ 냉동화물

182 목재류를 검수할 때 주목해야 할 사항이 아닌 것은?

① 목재의 값에 주목해야 한다.

② 파손과 쪼개진 것에 주목해야 한다.

③ 묶음 테가 벗겨졌는지 주목해야 한다.

④ 묶음 테가 벗겨졌을 경우 개수 파악에 주목해야 한다.

183 다음은 어떤 화물에 대한 적요기입 사항이다. 표현이 맞는 것은?

> 화물이 물에 젖어서 약간 곰팡이가 슬었다.

① Cargo get wet slightly and stinking.

② Cargo get wet and slightly moulded.

③ Cargo get wet and some scrap mixed.

④ Cargo get wet content slightly missing.

184 다음은 냉동화물에 대한 적요기입 사항이다. 표현이 맞는 것은?

> 5상자가 파손되고 해동되었다.

① 5Cs broken, content's caked.   ② 5Cs broken, content's softed.

③ 5Cs broken, content's spoiled.   ④ 5Cs broken, content's tangled.

185 다음은 유류제품에 대한 적요 기입사항이다. 틀린 것은?

> 1D/R leaking, content's about 80% only.

① 한 드럼이 새고 있다.
② 내용물의 80%가 남았다.
③ 내용물의 20%가 소실되었다.
④ 80%의 내용물이 누수되었다.

186 일반화물의 적요에 대한 설명으로 옳지 않은 것은?

① 7bags slightly moulded …… 7포대에 약간 곰팡이가 슬었음
② 2bags cover wet by oil each …… 2포대가 각각 기름에 젖었음
③ 5bags torn, content in full …… 5포대가 찢어져서 내품이 완전히 사라짐
④ 2bags torn, content slightly missing each …… 2포대가 찢어져서 각각 내품이 약간씩 소실됨

187 일반화물의 적요내용이다. 그 해석이 옳은 것은?

> 2Bales slightly torn and 1Bale partly hoops off.

① 2Bale이 엉켰고, 1Bale은 습기가 찼음
② 2Bale이 약간 변색되었고, 1Bale은 껍질이 벗겨졌음
③ 2Bale이 약간 녹슬었고, 1Bale 부분적으로 묶음 테가 벗겨졌음
④ 2Bale이 약간 찢어졌고, 1Bale은 부분적으로 묶음 테가 벗겨졌음

188 다음은 일반화물에 대한 적요 내용이다. 내용이 맞지 않는 것은?

> 1ctn(#3) torn & seal off, resealed on board.

① 1cnt(#3)이 찢어졌다.　　　　② 봉인이 떨어져 나갔다.
③ 본선 위에서 재봉인했다.　　　④ 유리제품에 대한 적요이다.

189 다음은 일반화물의 적요내용이다. 관계가 맞지 않는 것은?

① 1cs(#3) wet by oil …… 1cs(#3) 기름에 젖었음
② 1cs(#6) bottom side broken …… 1cs(#6) 측면이 파손되었음
③ 1cs(#2) broken, content's soft …… 1cs(#2)가 파손되어 해동되었음
④ 1cs(#2) broken, content damaged condition unknown …… 1cs(#2) 파손되어 내품의 파손 상태가 불분명함

190 다음의 상황에서 본선 측과 화주 측에서 주장하는 것으로 옳은 것은?

> 양하시 화물인도지시서(D/O)에 기재된 화물 개수는 100c/s일 때, Boat Note의 Remark가 '10c/s over in dispute'라고 기재되어 있다.

① 본선 측 100c/s, 수하주 측 90c/s
② 본선 측 90c/s, 수하주 측 100c/s
③ 본선 측 100c/s, 수하주 측 110c/s
④ 본선 측 110c/s, 수하주 측 100c/s

191 다음은 종이 상자로 포장된 화물에 대한 적요 기입사항이다. 올바르게 된 것은?

> 1Ctn이 포장 파손으로 내용물이 엉켰다.

① 1Ctn broken, content's torn.
② 1Ctn broken, content's dented.
③ 1Ctn broken, content's rattling.
④ 1Ctn broken, content's tangled.

192 다음의 적요사항과 관련이 없는 것은?

> 3Bgs content's partly caked and about 25% each missing.

① 3Bgs는 원면 제품이다.
② 3Bg이 부분적으로 굳어졌다.
③ 3Bgs 내용물의 약 75%는 남아있다.
④ 3Bgs 내용물의 약 25% 소실되었다.

193 다음 상황에서 본선인수증에 표시되는 적요는?

> 선적지시서(S/O)상에 기재된 화물의 개수가 100c/s인 경우에, 선적을 끝내고 화주 측 검수사는 100c/s라 주장하고, 본선 측에서는 95c/s라고 주장하는 상태로서 개수의 확인이 어려울 때 기재하는 적요이다.

① 5c/s over shipped.   ② 5c/s short shipped.
③ 5c/s short in dispute.   ④ 5c/s over in dispute.

> **참고**
> 본선인수증(M/R, Mate's Receipt)은 본선수취증, 본선화물인수증, 본선화물수취증이라고도 한다.

194 다음의 상황에서 본선 측과 화주 측에서 주장하는 것으로 옳은 것은?

> 선적지시서(S/O)상의 화물개수가 80c/s인 경우, 화물인수증(M/R)에 '10c/s over in dispute.'로 Remark가 기입되었다.

① 본선 측 80c/s, 화주 측 70c/s
② 본선 측 80c/s, 화주 측 90c/s
③ 본선 측 90c/s, 화주 측 80c/s
④ 본선 측 70c/s, 화주 측 80c/s

194 ② **정답**

제3장 특수 화물 검수

특수 화물 검수

01 차량검수

(1) 차량의 검수방법

① 수출·입되는 차량은 대개 차량 검수표가 첨부되어 있으므로 최초 적요의 유무를 확인해야 한다. 특히 차량은 고가품일 뿐만 아니라 특수용으로 제작된 물품이므로 검수작업할 때 차량의 부분 파손 및 부품 도난에 대한 확인이 반드시 필요하다.

② 차량에는 선적 이전에 작성된 "차량이상유무보고서(Automobile Inventory & Exception Report)"가 첨부되어 있어 차량부품에 대한 명세와 차량의 제작회사, 제작연도, 차량의 형태(Model, Type, Color), 차량번호, 시리얼 번호(Serial No.), 소유주 성명, 주소 등의 기록 서류가 비치되어 있다.

③ 검수사는 차량을 검수할 때 선적 위치에서 세심한 관찰과 확인을 통하여 파손 부분에 대한 상세한 적요를 검수표 및 "차량이상유무보고서"에 기록한다.

④ 부품에 대한 확인과 기록은 차량을 인수·인도할 때 상호간에 부품의 도난 시점 등에 대한 책임한계를 결정짓는 중요한 서류로 사용되므로, 차량의 부품을 검수할 때는 차량열쇠(Door Key, Trunk Key), 라디오, 재떨이, 담배용 라이터, 와이프 플레드 & 암(Arms), 후사경, 스페어타이어 & 휠, 휠캡, 공구박스, 잭 & 핸들 OVM(On Vehicles Material) 등을 확인하여 이를 "이상유무보고서"에 기재한다.

⑤ 본선작업이 완료되면 차량의 키를 통상적으로 선박회사 또는 일등항해사에게 인계함으로서 인수·인도가 이루어지며 이때 검수사가 작성한 "차량이상유무보고서"와 함께 인계된다. 특히 수석검수사는 차량에 대한 서류를 인수·인도할 때 책임한계를 구분하기 위하여 차량열쇠에 대한 인수·인도증명서에 일등항해사의 서명을 받아두어야 한다.

(2) 차량의 적요에 사용되는 용어

구 분	내 용
Bent	굽은 것
Broken	파손된 것
Broken off	떨어져 나간 것
Bulged	부푼 것
Chafed	마찰되어 깎인 것
Chipped(Paint)	깎여서 떨어져 나간 것
Coated	진흙 등이 덮인 것
Cracked	깨진 것, 금이 간 것
Cut	절단된 것
Deep scratched	깊게 긁힌 것
Dented(Or Depressed)	움푹 들어간 것
Distorted	비틀어진 것
Fractured	갈라진 것, 부러진 것
Gashed	깊게 갈라진 것
Gouged	구멍이 난 것
Hairline scratched over entire body	차체 전체가 경미하게 긁힌 것
Loose	늘어진 것
Missing	부족한 것, 없어진 것
Pitted	오목하게 구멍 난 것
Punctured	구멍이 난 것, 타이어가 펑크 난 것
Rubbed	마찰로 긁힌 것
Rusty	녹슨 것
Scratched	긁힌 것
Scratched and Chipped all over	전체가 긁히고 깎여져 나간 것
Smashed	찌그러진 것
Soiled	더러워진 것
Stained	얼룩져 더러워진 것
Tire Flat	타이어 공기가 빠진 것
Tire Air off	적재를 위하여 타이어에 공기를 뺀 것
Torn	찢어진 것
Twisted	비뚤어진 것
Upholstery Soiled	차 내부가 더러워진 것
Used car(Second-hand car)	중고차

(3) 차량의 적요(Auto Vehicles Exception)

구 분	Vehicles Exception	차량적요내용
Accompanied	Accompanied with ash receptacle 2pcs, cigarette lighter 1pc in.	동반 상자 내에는 재떨이 2개, 담배용 라이터 1개가 있음
	Accompanied with spare tire & wheel 1ls, jack & handle 1 set in.	동반 상자 내 예비 타이어와 바퀴 1개와 잭 핸들 1벌이 있음
	Accompanied with OVM 1ctn in(taped).	부품 상자 1상자 있음(테이프로 봉인됨)
Bent	Rear bumper bent.	뒤쪽 범퍼가 휘어짐
	R. R. fender bent.	우측 후면 흙받이 휘어짐
Broken	Rear right side turn signal light broken.	뒤쪽 우측 방향 지시등이 파손되었음
	Front bumper broken.	앞쪽 범퍼가 파손되었음
	Hood ornament(mascot, emblem) broken.	앞 측 후드의 장식물(마스코트, 상징물)이 파손되었음
Broken Off	Front left side headlight broken off.	앞쪽 좌측 전조등이 깨졌음
	R. R. signal light broken off.	우측 뒤쪽 방향 지시등이 깨짐
	L. R. door panel chrome stripe (moulding) broken off.	좌측 뒷 문짝의 크롬선(주형)이 떨어져 나갔음
	L. F. sun visor broken off	좌측 앞의 차양(햇빛 가리개)이 떨어져 나갔음
Bulged	L. R. door panel bulged out(5cm×5cm).	좌측 뒷 문짝이 부풀었음(5cm×5cm)
	Rear trunk door bulged(4cm×5cm).	뒤쪽 트렁크 문이 부풀었음(4cm×5cm)
Chafed	L. F. door panel several point chafed paint.	좌측 앞 문짝이 여러 부분의 페인트가 벗겨졌음
	L. R. door panel several point chafed all over.	좌측 뒷 문짝의 여러 부분이 전체적으로 페인트가 벗겨졌음
	Hood cover several point chafed.	후드의 문짝 여러 부분이 마찰되었음
Chipped	L. R.(Left side rear) body panel 1 point chipped.	좌측 몸체의 1부분이 깎여 나갔음
	R. R. door panel several point chipped.	우측 뒷 문짝의 여러 부분이 깎여 나갔음
Coated	Car top coated by mud.	차 위에 진흙이 덮여 있음
	Car heavily coated by dusty all over.	차에 심한 먼지가 덮여 있음
	Upholstery coated by dusty all over.	차 내부에 먼지가 전체적으로 덮여 있음
Cracked	Front windshield glass cracked(L-20cm).	전면 방풍 유리가 금이 갔음(길이 20cm)
	R. R. door glass cracked.	우측 뒷문 유리가 금이 갔음

Cut	Exhaust pipe edge cut.	배기 파이프 끝부분이 잘려 나갔음
	Antenna cut.	안테나가 잘려 나갔음
	Rear bumper edge cut.	뒷 범퍼의 끝부분이 잘려 나갔음
Deep Scratched	R. R. door panel deep scratched(L-20 cm).	우측 뒷 문짝이 심하게 긁혔음(L-20cm)
	Hood cover deep scratched(L-10cm).	후드의 문짝이 심하게 긁혔음(L-10cm)
Dented	Front bumper dented.	앞 범퍼가 움푹 들어갔음
	Exhaust pipe dented.	배기 파이프가 움푹 들어갔음
Distort-ed	Front bumper distorted.	앞 범퍼가 비틀어졌음
	Exhaust pipe distorted.	배기 파이프가 비틀어졌음
Fractured	Right rear fender fractured.	우측 뒤 흙받이가 갈라졌음
	Rear bumper fractured.	뒤쪽 범퍼가 갈라졌음
Gashed	Right rear body panel gashed(2cm×5 cm).	우측 뒤 몸체가 깊게 갈라졌음(2cm×5cm)
	R. F. fender 2 panel gashed(1cm×3 cm) each.	우측 앞쪽 펜더의 2곳이 각각 갈라졌음(1cm×3cm)
Gouged	R. R. door panel gouged(1"×1").	우측 뒷문 짝에 구멍이 있음(1"×1")
	Both fender several point gouged each.	양쪽 펜더 여러 곳에 구멍이 났음
	Trunk door gouged(3"×3").	트렁크 문짝에 구멍이 나 있음(3"×3")
Hairline Scratched	L. F. door panel hairline scratched(L -10cm) each.	좌측 앞 문짝 부분이 각각 경미하게 긁혔음(L-10cm)
	Trunk door hairline scratched all over.	트렁크 전체가 경미하게 긁혔음
	Right side panel hairline scratched over entire body.	우측 몸체 전체 부분이 경미하게 긁혔음
Heavily	Car top heavily dusty.	위쪽 부분에 심한 먼지가 쌓임
	Upholstery heavily dusty covered.	차 내부가 심한 먼지로 덮여 있음
	Heavily coated with dust / mud, unable to determine the extent of damage, If any.	심한 먼지와 흙으로 덮여 있어 파손 여부를 (거의) 확인할 수 없음
Locked	Trunk door locked unable to check inside.	트렁크 문이 잠겨 있어 내부를 확인할 수 없음
	Door locked & without key.	문이 잠겨 있으며, 열쇠도 없음
Loosed	Rear door chrome moulding stripe loosed.	뒤쪽 배기 파이프가 덜렁거림
	R. R. door chrome moulding stripe loosed.	우측 뒷문의 크롬 장식이 떨어져 덜렁거림

Missing	Cigarette light missing.	담배용 라이터가 없음
	Back view mirror missing.	후면 확인 거울이 없음
	Windshield wiper blade & arms 2pcs missing.	전면 유리청소기 2개가 없음
	R. R. hub cap missing.	우측 뒤 휠 커버 없음
	Car key missing.	키 분실
Packed In	Rear view mirror 2pcs & tools packed in case.	후면 확인 거울 2개와 연장이 상자 내에 있음
	Tool & material packed in box.	차량용 공구가 상자 내에 있음
	Car accessories in OVM(OVM : On Vehicle Material).	차량용 보조용품이 상자 내에 있음
Pitted	Trunk door panel 1point pitted.	트렁크 문짝의 한 부분에 오목하게 구멍이 났음
Punctured	L. R. tire punctured.	좌측 뒤 타이어가 펑크 났음
	R. R. tire flat(air off).	우측 뒤 타이어 바람이 빠짐
Rubbed	Left front body panel rubbed(3cm × 3cm).	좌측 앞쪽 몸체가 마찰로 긁혔음(3cm × 3cm)
Rusty	Both side fender rusty all over.	양쪽 흙받이 전체가 녹이 슬었음
Scratched	Car top 5 point scratched (1" × 5") each.	차량 위 다섯 부분이 각각 (1" × 5") 긁혔음
	Left front body panel 2 point scratched (L-5cm, 8cm).	좌측 앞 몸체 두 부분이 긁혔음(L-5cm, 8cm)
Scratched & Chipped All Over	L. R. door panel scratched & chipped all over.	좌측 뒷문 짝이 전체적으로 깎여져 있음
	Hood cover scratched & chipped all over.	후드 문짝이 전체적으로 깎여져 있음
	Car top scratched & chipped all over.	차 위쪽 부분이 전체적으로 깎여져 있음
Smashed	Left front fender smashed(4cm × 4cm).	좌측 앞 흙받이가 찌그러졌음(4cm × 4cm)
	Both side body panel smashed (L-20cm) each.	본체 양쪽이 각각 20cm 찌그러졌음
Soiled	Heavily soiled with dust / mud, unable to check of damage.	심한 먼지와 흙으로 더러워져 있어 파손 여부를 확인할 수 없음
	Upholstery soiled by dust.	차량 실내장식이 먼지에 의해 더러워졌음
	Upholstery soiled.	차량 실내장식이 더러워졌음
Stained	Upholstery stained all over.	차량 실내장식이 전체적으로 얼룩져 있음
	Car top stained all over.	차 위쪽 부분이 전체적으로 얼룩짐
Tire Flat	R. R. / L. R. Tire Flat(Air Off).	우측 뒤 / 좌측 뒤 타이어 바람 없음

	Rear body panel torn(3cm×4cm).	뒤쪽 몸체가 찢어졌음(3cm×4cm)
Torn	Trunk door 2 place torn(3cm×5cm) each.	트렁크 문짝 2곳이 각각 찢어졌음(3cm×5cm)
	R. F. fender 2 place torn(2cm×2cm).	앞쪽 우측 펜더가 2곳이 각각 (2cm×2cm) 찢어졌음
Twisted	Rear bumper twisted.	뒤쪽 범퍼가 비틀어졌음
	Antenna twisted.	안테나가 비틀어졌음
	Exhaust pipe twisted.	배기 파이프가 비틀어졌음
Upholstery Soiled	Car upholstery soiled all over.	차량 실내장식이 전체적으로 더러움
	Upholstery heavily soiled with dust/mud, unable to check.	차량 실내장식이 심한 먼지와 흙으로 더러워져 검수가 불가능함
	Upholstery soiled all over.	차량 실내장식이 전체적으로 얼룩져 있음
	Car upholstery covered by dusty all over	차량 실내장식이 먼지로 인해 더러워졌음

02 강재(철재)화물 검수

※ 강재화물은 화물의 종류나 취급에 대해서 선적적요에서 설명되어 있기 때문에 일반적요는 대부분 기입되지 않고 현재적요(Conditional Remark)에 의하여 처리한다.

> **참고**
>
> 현재적요는 실제적요(Actual Remark)라고도 함

※ 강재화물의 검수에서 중요한 것은 화물상태를 영문으로 잘 알 수 있도록 정확하게 검수표에 기입해야 한다.

[강재화물의 수도시(受渡時) 사고 유형]

사고 유형	내 용
적재(Stowage)시 사고	선적시 발생하는 사고
Port Mix(화물혼재)	바지선 또는 본선에서 잘못 적재
적요(Remark) 상이	유사기호, 번호
서류상 사고	화물과 서류의 상이기호, 기재오류, 개수 착오
하역사고	작업 중 화물파손, 불완전 선적 등

(1) 강재의 포장

① 강재는 포장된 것과 포장되지 않은 것이 있는데 포장의 목적은 다음과 같다.

　　㉠ 운반, 조작, 양하·적하에 편리

　　㉡ 취급시에 위험성 감소

　　㉢ 상자를 사용하면 변질, 누손, 압손, 손상, 탈락 등을 방지

② 포장형태

형 태	영 어	화물명(例)
나무상자	Case	박판, 동판, 스테인리스, 알루미늄
다 발	Bundle	철판, 철봉, 파이프, 조동판, 금속판
포(지)권(布卷)	Bale	놋쇠, 동파이프, 도금파이프, 가공철봉
권(卷, 둥글게 감은 것)	Coil	대철, 철선, 철계, 금강
매(枚)	Sheet	철판, 강판, 놋쇠판, 알루미늄판
개(個)	Piece	각종 강재가 하나하나일 때
주괴(鑄傀)	Ingot	선철, 금, 은, 동, 석, 알루미늄
편괴(篇傀)	Slab	알루미늄, 동, 석, 철
봉(棒)	Bar	철, 동, 놋쇠, 합금
태봉(太棒)	Billet	각강, 봉강(반제품), Bloom(鋼片)
감는 틀	Reel	연관, 박판, 전선, 동선

(2) 화물 표시(Cargo Mark)

※ 송하주가 발송한 화물이 수하주 앞으로 무사히 도착하게 하기 위해 외장에 부착하는 것을 화물기호 또는 화물표시(Cargo Mark)라 한다.

※ 강재화물에도 일반화물과 같이 규격, 수주번호, 제품번호, 중량, 길이, 생산자명, 원산지명 등을 기록하며, 경우에 따라서는 양하지 항명과 수하주의 번호만 기록할 때도 있다.

※ 기호는 화물에 직접 파서 새기는 것과 별도로 종이에 인쇄하여 부착 또는 화물에 페인트로 기록하는 방법이 있다.

① 화물 표시(Cargo Mark) 방법

　　㉠ 페인트로 표시하는 방법

　　　　수하주 주문번호(Purchase Order No.)　　→　│ Po-9882
　　　　양하지 항구명(Discharging Port)　　　　→　│ San Francisco

　　※ Port Mark가 없는 경우도 있다.

• 약정번호(Contract No.)

93654
3-663-K-466-1-256-27
52-376-B 5-3

※ 약정번호(Contract No)는 수출자와 수입자 간 서로 번호를 만든 계약번호로 포장된 화물(컨테이너는 붙이지 않음)에 표시하여 화주나 운송사 측에서 화물을 쉽게 알아볼 수 있도록 하는 것이다.

ⓒ 라벨로 표시하는 방법

Size	27×91 / 2 = 79Lbs	
수주번호	Y 24384-A B-47-78	
길이, 제품번호	50Ft	1239-3
제조회사명	Korea Steel Corporation	
원산지명	Made In Korea	

※ SIZE : 가로 27CM*세로91CM*높이 2CM로 79파운드(약 35.8KGS)
• 수주번호 : ORDER NO로 주문번호
• 길이 : 50FT(1,524CM), 제품번호는 1239-3
• 제조회사 : KOREA STEEL CORP
• 원산지 : 대한민국

ⓒ 화인(Cargo Remark)으로 표시하는 방법

주기호(Main Mark)	O.P.U.T
부기호(Counter Mark)	Central Java Project F-2
	Dit Jen Nna Marga
	Korea Project Aid
제조월일(Product Date)	8th, Feb, 2012
수출상사명(Shipper's Name)	Po-Hang Steel Corporation,
품명(Kind Of Goods)	Plain Steel Round Bar 16mm
수출허가번호(License No.)	L/C No. 0103/2504/PI
화물번호(Cargo No.)	No. 504
원산지명(Origin Mark)	Made In Korea

(3) 강재화물의 적요에 사용되는 용어

영 어	우리말	영 어	우리말
Band off	절 단	Joint	접 합
Bent	굽어진	Loose	느슨하다.
Bulge	부풀어진 것	Lot mixed	혼 적
Bundle off	다발 절단	Mark invisible	기호불명
Chafed	벗겨지다.	Nick	자른 자리
Chipped	흠집이 생기다.	Oil Stained	기름에 더럽혀지다.
Contents	내 품	Oil Spot	기름에 얼룩지다.
Cover	외 장	Over board	바다에 빠지다.
Crimped	주름이 지다.	Pierced	구멍 뚫림
Corroded	부식됨	Rusty	녹이 슬었음
Corrugated	외장주름	Partly	부분적
Cut	절 단	Said to weight	중량무관계
Deformed	변 형	Surface	표 면
Dent	들어간 것	Skid	짐 틀
Distorted	비틀어진 것	Slightly	약 간
Edge	모서리(끝단)	Stained	더럽혀지다.
Extent	크기, 길이	Twist	비틀어짐
Expose	노 출	Wavy	흔들리는
Flange	모서리	Wet by rain	비에 젖다.
Gouged	도려낸 상(傷)	Wet by sea	해수에 젖다.
Heavily	매우, 대단히	Water	물에 젖음
Hoop	철 테	Wet by scupper water	배수구 물에 의해 젖음
Inner	내부, 내측	Wrinkled	주름이 지다.
Intact	원상대로		

(4) 강재화물의 적요(Steel Cargos Exception)

구 분	Steel Cargos Exception	강재화물의 적요내용
Steel Pipe	1pc steel pipe one end steel protector cap off.	1Pc 철재 파이프에 끝 부분 보호 캡이 없어졌음
	1pc steel pipe partly aluminium cover crimped.	1Pc 철재 파이프에 알루미늄 보호대가 주름이 잡혔음
	1pc steel pipe one point edge dented.	1Pc 철재 파이프 1부분 끝부분이 움푹 들어갔음

Steel Plate	1bdl(#2) 1/4 band off.	1Bdl(#2) 1/4 묶음 테 파손
	1bdl(#3)inner 5pcs edge side dented.	1Bdl(#3) 내품 중 5Pc 끝부분 찌그러졌음
	1pc galvanized pipe bent(L-10cm).	1Pc 아연도금 파이프가 굽었음(10cm)
	1sheet steel plate extremely rusty one side.	철판 1장의 한쪽 부분이 녹슬었음
	1sheet steel plate partly rusty.	철판 1장이 부분적으로 녹슬었음
	1sheet rusty by salinity.	철판 1장이 염분으로 녹슬었음
	1sheet white rusty.	철판 1장이 흰색으로 녹슬었음
Steel Coil	Band slightly rusty.	묶음이 부분적으로 녹슬었음
	1coil steel envelope crimping.	코일 1개의 철재 포장이 주름짐
	1vertical band off.	버티컬 묶음이 떨어짐
Steel Coil	1coil steel envelope rust & oil stained.	코일 1개 철재 포장이 녹슬고 기름에 더러워짐
	1coil rust spot on cover sheet.	코일 1개 포장이 부분적으로 녹슬었음
	1coil deformed.	코일 1개 모양이 변하였음

03 위험화물 검수

(1) 위험화물의 정의

① 위험화물이란 화물 자체의 폭발성, 인화성, 가연성, 산화성, 독물, 방사성, 유독성의 특성으로 인해 인명 및 다른 화물 등에 위험을 줄 수 있는 화물을 말한다.

② 포장상에 품명, 성상(性狀), 주의사항, 위험물 등급, 표찰을 기재하여야 하며 위험물 상호 격리원칙과 올바른 격리적재 방법에 따라 철저하게 보관·선적하여야 한다.

③ 위험화물은 특히 IMO에서 규정한 "위험물선박운송 및 저장규칙"에 따라 선적수속의 필요서류 완비 후 선장의 승인을 받아 선적하여야 한다.

> **참고**
>
> IMO(International Maritime Organization, 국제해사기구)

④ 해상운송상 문제를 일으킬 수 있는 위험물질은 유엔의 규칙에 따라 9등급으로 분류되어 있으며, 각 등급에서 물질에 대한 성질, 용기, 포장, 최대량, 주의사항,

장소, 적재방법, 표찰(Label) 등을 규정하여 인명과 선박 그리고 화물적재에 안전을 도모하고 있다.

⑤ 검수사가 위험물을 검수할 때는 위험물 표찰과 표식에 주목해야 하며 IMO CODE 번호를 반드시 확인하여 기재해야 한다.

⑥ 특히 검수시 내품에 의해서 신체상에 해를 당할 수도 있으니 개인 안전장구를 철저히 준비하고, 만약 어떤 문제가 발생했을 때는 일등항해사 및 하주나 터미널 측에 즉시 알리거나 혹은 그 입회하에 조치해야 한다.

Class	종 류	
Class 1	폭발물	Explosive
Class 2	고압가스류	Compressed Gas
Class 3	인화성 액체류	Inflammable Liquid
Class 4	가연성 고체류	Combustible Solid
Class 5	산화성 물질류	Oxidizing Substances
Class 6	독물류	Poisonous Substances
Class 7	방사성 물질류	Radioactive Material
Class 8	부식성 물질류	Corrosive
Class 9	유독성 물질류	Hazardous Substances

(2) 위험화물 상호격리 및 적재 방법

① 격리는 적재의 기본원칙

위험물은 운송 중 화물의 상호작용으로 발열, 가스의 방출, 부식작용, 기타 위험한 물리적 또는 화학적 작용을 일으켜 위험성을 증가시키거나 또는 운송 중의 위험물 사고로 다른 위험물에 영향을 미쳐 대형사고로 발전할 가능성이 있으므로, 품명이 다른 위험물 또는 위험물과 위험물 이외의 화물이 상호작용하여 위험성이 있는 경우에는 서로 격리하는 것이 원칙이다.

② 격리요건

㉠ 2가지의 물질 또는 제품을 함께 적재하였을 경우에 누출이나 유출 또는 기타 사고시 부당한 위험을 초래할 수 있는 것은 서로 혼적 불가한 물질로 간주한다.

㉡ 가연성 재료와 격리하도록 요구되는 경우, 포장재 또는 화물깔개(Dunnage)는 가연성 재료에 포함되지 아니하는 것으로 이해하여야 한다.

㉢ 화물운송 단위물 내에 적재하거나 적재하지 않거나 여러 위험물을 다른 물질과 함께 적재하는 경우에는 항상 관련된 위험물 중에서 가장 엄격한 요건이 적용되는 요건에 따라 격리하여야 한다.

㉣ 동일한 급의 물질들은 그 물질들이 혼적 가능한 것이라면 2차 위험성으로 인하여 요구되는 격리요건에 관계없이 함께 적재할 수 있다.

㉤ 동일물질로 구성되어 있거나 각각 다른 수분농도를 가진 서로 다른 급의 위험물(예 제4, 2급 및 제8급의 황화나트륨, Sodium Sulphide) 간에는 격리규정을 적용할 필요가 없다.

③ 위험물 상호간의 격리

다음의 표에는 각 급의 위험물 상호간의 격리에 대한 일반요건이 표시되어 있다. 그러나 각 급에 해당하는 물질 또는 제품의 성질은 크게 다를 수 있기 때문에, 격리에 대한 개별요건에 관하여는 항상 해당 별표를 참조하여야 하며 이 개별요건은 일반요건에 우선한다. 격리는 하나의 2차 위험성 표찰에 대하여도 고려되어야 한다.

[위험물의 상호간 격리에 대한 일반요건]

표찰	위험규칙	IMO Code	1·1	1·2	1·3	1·4·5	2·1	2·2	3·1·2	3·3	4·1	4·2	4·3	5·1	5·2	6	7	8	9
	화약류(등급1-1)	1-1	*	*	*	*	4	2	4	4	4	4	4	4	4	2	2	4	X
	화약류(등급1-2)	1-2	*	*	*	*	4	2	4	4	4	4	4	4	4	2	2	4	X
	화약류(등급1-3)	1-3	*	*	*	*	4	2	4	4	3	3	4	4	4	2	2	2	X
	화약류(등급1-4·5)	1-4·5	*	*	*	*	2	1	2	2	2	2	2	2	2	X	2	2	X
	고압가스	2-1	4	4	4	2			2	2	1	2	1	2	4	X	2	1	X
E	고압가스	2-2	2	2	2	1			2	2	X	1	X	X	2	X	1	X	X
F·G	저·중인화성 액체	3-1·2	4	4	4	2	2	2			2	2	2	2	3	X	2	1	X
H	고인화성 액체	3-3	4	4	4	2	2	2			1	1	2	2	3	X	2	1	X
I	가연성 고체	4-1	4	4	3	2	1	X	2	1				1	2	X	2	1	X
J	자연발화성 물질	4-2	4	4	3	2	2	1	2	1				1	2	X	2	1	X
K	기타 가연성 물질	4-3	4	4	4	2	1	X	2	2				1	2	X	2	1	X
L	산화물	5-1	4	4	4	2	2	X	2	2	1	1	1			1	1	2	X
M	유기과산화물	5-2	4	4	4	2	4	2	3	3	2	2	2			1	2	2	X
N	독물	6	2	2	2	X	X	X	X	X	X	X	X	1	1		X	X	X
	방사성 물질	7	2	2	2	2	2	1	2	2	2	2	2	1	2	X		2	X
R	부패성 물질	8	4	4	2	2	1	X	1	1	1	1	1	2	2	X	2		X
	유독성 물질	9	X	X	X	X	X	X	X	X	X	X	X	X	X	X	X	X	

[범례]

Ｘ : 격리를 요하지 않음

＊ : 화약류 상호간에 격리가 정해져 있음

1 : 컨테이너 1칸 이상 격리 적재

2 : 선박 길이방향으로 컨테이너 1칸, 폭으로 2칸
　　이상 격리 적재

3 : 수평거리 3미터 이상 격리 적재

4 : 수평거리 24미터 이상 격리 적재

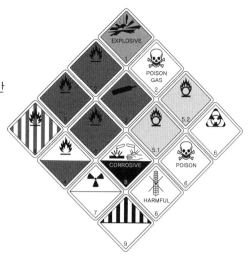

④ 위험화물 및 적입 컨테이너 적재 방법

구 분		1	2	3	4
비개방형 컨테이너	상갑판 적재	격리(隔離)를 요하지 않음	선박의 길이방향으로 1컨테이너 이상 또는 폭의 방향으로 2컨테이너 이상 거리에 적재	선박의 길이 방향으로 1컨테이너 이상 또는 폭의 방향으로 3컨테이너 이상 거리에 적재	수평거리 24m 이상 거리에 적재
	하갑판 적재	격리를 요하지 않음	선박의 길이방향으로 1컨테이너 이상 또는 격벽의 경우 폭의 방향으로 2컨테이너 이상 거리에 적재	격벽(隔壁)의 경우 적재	격벽 2 이상 또는 수평거리 24m 이상 거리에 적재 또는 격벽의 경우 수평거리 6.1m 이상 거리에 적재
개방형 컨테이너	상갑판 적재	1컨테이너 이상 거리에 적재	선박의 길이 방향으로 1컨테이너 이상 또는 폭의 방향으로 2컨테이너 이상 거리에 적재	수평거리 3m 이상 거리에 적재	수평거리 24m 이상 거리에 적재
	하갑판 적재	1컨테이너 이상 거리에 적재 또는 격벽의 경우 적재	격벽의 경우 적재	격벽 2 이상의 경우 적재	격벽 2 이상의 경우 적재

⑤ 위험화물 및 적입 컨테이너 상호격리 방법

구 분	1	2	3	4
상갑판 적재	수평거리 3m 이상 거리에 적재	수평거리 6m 이상 거리에 적재	수평거리 12m 이상 거리에 적재	선박의 길이방향으로 24m 이상 거리에 적재
하갑판 적재	동일 선창 또는 구획에 적재, 수평거리 3m 이상 거리에 적재	다른 선창 또는 구획에 적재	1선창 이상 또는 1구획 이상 거리에 적재	선박의 길이방향으로 1선창 이상 또는 1구획 이상 거리에 적재

제3장 적중예상문제

01 차량 검수시 검수사가 검수표와 이상유무보고서에 기재해야 할 필수사항이 아닌 것은?

① 차량 대수
② 차량 소유주명
③ 차량의 손상 상태
④ 차량부품의 도난상황

02 차량 검수시 검수사가 지켜야 할 사항에 해당하지 않는 것은?

① 검수사는 차량 검수표를 통하여 최초의 적요유무를 확인해야 한다.
② 검수사는 차량의 부분적인 파손과 부품 도난 상황에 대해 확인을 해야 한다.
③ 검수사는 차량의 파손이나 긁힌 자국을 확인하여 반드시 검수표상에 기재해야 한다.
④ 검수사는 검수표에 제작회사명, 차량번호, 차량형태, 소유주 성명 등을 반드시 기재해야 한다.

03 차량의 본선작업이 완료될 때 이루어지는 검수행위가 아닌 것은?

① 차량에 대한 서류를 인수·인도할 때에는 일등항해사의 서명을 받아두어야 한다.
② 일반적으로 차량은 차량키를 소유주에게 인계함으로써 인수·인도 절차가 종료된다.
③ 차량이상유무확인서는 차량의 키를 선사 또는 일등항해사에게 전달할 때에 함께 전달된다.
④ 차량검수는 손해배상시 책임한계를 결정짓는 중요한 행위이므로 상세하게 검수하고 기록해야 하며 경험이 풍부한 검수사에 의해 확인되는 것이 필요하다.

04 차량 검수에 관한 설명으로 옳지 않은 것은?

① 선적 중에 의문점이 발견되면 지체 없이 본선 감독에게 통지한다.

② 선적 전 제공된 Stowage Preplan을 꼼꼼히 검토하여 적정 수의 검수원을 배치한다.

③ 선적 작업을 하는 중에 화물의 화인을 정확히 확인하여 잘못된 화물이 적부되지 않도록 한다.

④ Stowage Plan을 참조하여 필요한 곳에는 Separating Tape로 표시하며, 자동차 간 Separating(격리)은 차량에 직접 해 둔다.

05 차량적요에 사용되는 용어이다. 관계가 서로 다른 것은?

① Rusty – 녹슨 것

② Cracked – 금이 간 것

③ Scratched – 부풀어 오른 것

④ Stained – 얼룩져 더러워진 것

06 차량적요에 사용되는 용어 중 관계가 바르지 못한 것은?

① Bent – 굽은 것

② Twisted – 긁힌 것

③ Bulged – 부풀어 오른 것

④ Broken off – 떨어져 나간 것

07 차량적요에 사용되는 용어 중 관계가 옳지 않은 것은?

① Cut – 절단된 것

② Gashed – 깊게 갈라진 것

③ Pitted – 오목하게 구멍 난 것

④ Leaking out – 액체가 굳은 것

08 차량적요에 사용되는 용어 중 관계가 옳지 않은 것은?

① Smashed - 찌그러진 것
② Chafed- 마찰하여 깎인 것
③ Tire Flat - 타이어 공기가 빠진 것
④ Tire Air off - 타이어가 펑크 난 것

09 다음과 같은 차량에 관한 적요는?

> Right rear fender bent.

① 우측 후면 흙받이가 휘어짐
② 우측 앞면 흙받이가 휘어짐
③ 우측 앞면 범퍼가 비틀어졌음
④ 우측 후면 범퍼가 비틀어졌음

10 다음과 같은 차량에 관한 적요는?

> R. R. / L. R. Tire Flat(Air Off)

① 우측 뒤, 좌측 뒤 타이어 바람이 없음
② 우측 뒤, 좌측 앞 타이어 바람이 없음
③ 좌측 뒤, 좌측 뒤 타이어 바람이 없음
④ 좌측 뒤, 좌측 앞 타이어 바람이 없음

11 다음과 같은 차량적요를 바르게 나타낸 것은?

> 앞쪽 좌측 전조등이 깨졌음

① Front left signal light cut off.
② Front left side headlight cut off.
③ Front left signal light broken off.
④ Front left side headlight broken off.

12 다음과 같은 차량적요에 대한 설명으로 옳은 것은?

> L. R. door panel bulged out(5cm × 5cm).

① 좌측 뒷문짝이 부풀었음(5cm × 5cm)
② 우측 뒷문짝이 부풀었음(5cm × 5cm)
③ 좌측 앞문짝이 부풀었음(5cm × 5cm)
④ 우측 앞문짝이 부풀었음(5cm × 5cm)

13 다음과 같은 차량적요에 대한 설명으로 옳은 것은?

> 좌측 앞문짝의 여러 부분에 페인트가 벗겨졌음

① R. R. door panel several point bulged paint.
② L. R. door panel several point coated paint.
③ L. F. door panel several point chafed paint.
④ R. F. door panel several point cracked paint.

14 다음과 같은 차량적요에 대한 표현으로 옳은 것은?

> 본체 양쪽이 각각 얼룩져 더러워졌음

① Both side body panel soiled each.
② Both side body panel stained each.
③ Both side body panel twisted each.
④ Both side body panel smashed each.

15 다음과 같은 차량적요에 대한 설명으로 옳은 것은?

> Left front body panel rubbed.

① 왼쪽 앞부분 몸체 판넬이 비틀어졌음
② 왼쪽 앞부분 몸체 판넬이 찌그러졌음
③ 왼쪽 앞부분 몸체 판넬에 녹이 슬었음
④ 왼쪽 앞부분 몸체 판넬이 마찰로 긁혔음

16 다음과 같은 차량적요에 대한 표현으로 옳은 것은?

> 담배용 라이터가 없음

① Cigarette light missing.
② Jack and handle missing.
③ Back view mirror missing.
④ Windshield wiper blade & arms 2pcs missing.

17 다음과 같은 차량적요에 대한 설명으로 옳은 것은?

> L. R. tire punctured.

① 좌측 뒤쪽 타이어가 펑크 났음
② 우측 뒤쪽 타이어가 펑크 났음
③ 좌측 뒤쪽 타이어가 바람이 적음
④ 우측 뒤쪽 타이어가 바람이 적음

18 강재화물 검수시 검수사가 가장 우선적으로 해야 할 검수행위는?

① 화물의 종류 파악
② 화물의 상태 파악
③ 화물의 출발지와 목적지 파악
④ 검수작업 시작과 완료시간 파악

19 강재화물의 검수에 관한 설명으로 옳지 않은 것은?

① 일반적으로 강재화물은 현재적요에 의해서 처리된다.
② 일반적으로 강재화물은 실제적요에 의해서 처리된다.
③ 일반적으로 강재화물은 화물사고에 대비해서 일반적요에 기입한다.
④ 일반적으로 강재화물은 선적 및 양하할 때 발생한 사항을 적요에 기재한다.

20 강재화물의 사고 유형으로 화물혼재(Port Mix)시 발생하는 사고는?

① 작업 중 화물파손
② 선적시 발생하는 사고
③ 화물과 서류의 기호가 상이
④ 바지선 또는 본선에서 잘못 적재

21 강재화물 중 철판, 강판, 놋쇠판, 알루미늄판 등을 나타내는 포장형태는?

① Coil

② Case

③ Sheet

④ Bundle

22 강재화물 중에서 철, 동, 놋쇠, 합금 등을 나타내는 포장형태는?

① Bar

② Bale

③ Reel

④ Sheet

23 다음은 강재화물의 화인(Cargo Mark)이다. 옳지 않은 내용은?

Main Mark	G.G.G.L.
Counter Mark	Central Java Project F-2
〃	Dit Jen Marga
〃	Korea Project Aid
Product Date	7th, Mar, 2013
Shipper's Name	Hyundai Steel Company
Kind of Goods	Plain Steel Round Bar 32Mm
Licence No.	L/C No. 0103/2504/PI
Cargo No.	No. 504
Origin Mark	Made in Korea

① 화물 수출지는 한국이다.

② 화물은 32mm 철봉이다.

③ 화물 수입자는 현대제철이다.

④ 화물 제조일자는 2013년 3월 7일이다.

24 강재화물의 적요에 사용되는 용어이다. 옳지 않은 것은?

① Edge – 모서리

② Exposed – 가려진

③ Deformed – 변형된

④ Distorted – 비틀어진

25 강재화물의 적요에 사용되는 용어이다. 옳지 않은 것은?

① Surface – 표면

② Rusty – 녹이 슬었음

③ Corroded – 부식된

④ Mark invisible – 기호가 보이는

26 강재화물의 적요 중 '1장의 철판이 심하게 녹슬었음'을 맞게 표시한 것은?

① 1 Sheet steel plate partly rusty.

② 1 Sheet steel plate heavily rusty.

③ 1 Sheet steel plate rusty by salt.

④ 1 Sheet steel plate slightly rusty.

27 강재화물의 적요 중 '1장의 철판이 부분적으로 변형되었음'을 맞게 표시한 것은?

① 1 Sheet steel plate white rust.

② 1 Sheet steel plate due to salinity.

③ 1 Sheet steel plate partly deformed.

④ 1 Sheet steel plate one point bulged.

28 위험물을 검수할 때 검수사의 행위로 적절하지 않은 것은?

① 반드시 위험물 표찰과 표식을 확인한 후에 검수에 임한다.

② 검수표에는 위험물을 확인한 후 이상이 없어도 IMO 번호를 반드시 확인하여 기재한다.

③ 내품에 의해 신체상 피해를 입을 가능성이 있기 때문에 반드시 개인 안전장구를 착용한다.

④ 검수시 문제가 발생되면 반드시 일등항해사의 지시를 받아 조치를 취한 후 하주 및 터미널 측에 즉시 알린다.

29 위험화물을 처리할 때 절차가 옳지 않은 것은?

① 위험물 적재시 문제가 발생하면 즉시 경찰관서나 소방관서에 알리고 타 선박에 이선을 막는다.

② 일반적으로 해상운송상 문제에 대해 위험성이 있는 물질은 IMO에서 규정한 규칙에 따라 9등급으로 나누고 있다.

③ 위험물은 위험물선박운송규칙에 따라 선적 수속에 필요한 서류를 모두 갖춘 후 선장의 승인을 받아 선적해야 한다.

④ 위험화물은 선하증권 또는 위험화물 적하목록에 구분해서 기재하고 하주는 선박회사와 운송인에게 통지해야 한다.

30 'IMO CODE 7'에 해당하는 위험물은?

① 폭발물
② 산화물
③ 고압가스
④ 방사성 물질

31 위험화물의 격리요건에 관한 설명으로 옳지 않은 것은?

① 같은 등급의 위험물이면 타 위험물과의 격리 간격은 동일하다.

② 가연성 재료와 격리하도록 요구되는 경우 포장재 또는 화물 깔개는 가연성 재료에 포함되지 않는 것으로 간주한다.

③ 동일한 급의 물질은 그 물질이 혼적 가능한 것이라면 2차 위험성으로 인하여 요구되는 격리요건에 관계없이 적재할 수 있다.

④ 2가지 물질 또는 제품을 같이 적재했을 경우 누출이나 유출 등 사고 발생시 부당한 위험을 초래할 수 있는 화물은 서로 혼적이 불가한 것으로 간주하여 격리한다.

32 위험화물은 상호 연쇄 반응의 사고를 예방해야 하므로 화물 간에 격리하여 적재한다. 이때 상호 격리를 하지 않아도 되는 것은?

① 화약류~고압가스류   ② 인화성 액체류~화약류

③ 가연성 고체류~고압가스류   ④ 방사성 물질류~유독성 물질류

33 다음 위험물 중 가장 멀리 상호 격리를 해야 하는 것은?

① 화약류(1-2)~고압가스류(2-1)

② 인화성 액체류(3-1)~유해성 물질류(9)

③ 고압가스류(2-2)~발화성 물질류(4-2)

④ 인화성 액체류(3-1)~방사성 물질류(7)

34 위험물을 선박의 상갑판 적재시 격리할 경우 가장 가까이 두어도 무방한 것은?

① 화약류(1-1)~고압가스(2-2)

② 화약류(1-4)~고압가스(2-2)

③ 고압가스류(2-2)~부패성 물질(8)

④ 인화성 액체류(3-1)~유기과산화물(5-2)

35 위험물을 선박의 하갑판 적재시 3m 이상 거리를 두고 격리해서 적재를 해야 하는 것은?

① 화약류(1-1)~유독성 물질류(9)
② 부식성물지류(8)~유독성 물질류(9)
③ 고압가스류(2-1)~가연성 물질류(4-3)
④ 인화성 액체류(3-1)~고압가스류(2-1)

36 위험물을 선박의 하갑판 적재시 다른 선창이나 구획에 적재해야 하는 것은?

① 고압가스류(2-1)~독물류(6)
② 인화성 액체류(3-1)~독물류(6)
③ 화약류(1-4)~부식성 물질류(8)
④ 화약류(1-1)~인화성 액체류(3-1)

37 다음은 IMO 규정에 의해 위험물을 분류한 것이다. 관계가 틀린 것은?

① 1등급 - 화약류 ② 2등급 - 고압 가스류
③ 5등급 - 독물류 ④ 7등급 - 방사성 물질류

38 IMO의 위험물 분류 등급에서 Class5(5등급)에 해당하는 것은?

① 화약류 ② 독물류
③ 가연성 고체류 ④ 산화성 물질류

39 IMO의 위험물 분류 등급에서 Class6(6등급)에 해당하는 것은?

① 독물류 ② 방사성 물질류
③ 고압가스류 ④ 부식성 물질류

40 IMO의 위험물 분류 등급에서 Class9(9등급)에 해당하는 것은?

① 산화성 물질류

② 방사성 물질류

③ 부식성 물질류

④ 유독성 물질류

41 다음은 위험물의 표찰이다. 어떤 종류의 물질인가?

① 화약류 　　　　　　　　　　② 고압가스류

③ 산화성 물질류 　　　　　　　④ 가연성 고체류

42 다음은 위험물의 표찰이다. 어떤 종류의 물질인가?

① 화약류 　　　　　　　　　　② 고압가스류

③ 가연성 고체류 　　　　　　　④ 부식성 물질류

43 다음은 위험물의 표찰이다. 어떤 종류의 물질인가?

① 고압가스류
② 가연성 고체류
③ 부식성 물질류
④ 유해성 물질류

44 다음은 위험물의 표찰이다. 어떤 종류의 물질인가?

① 독물류
② 화약류
③ 인화성 액체류
④ 방사성 물질류

45 다음 위험물 표찰 중에서 인화성 액체를 나타내는 것은?

①

②

③

④

46 다음 위험물 표찰 중에서 고압가스류를 나타내는 것은?

①

②

③

④

제4장 | 컨테이너 검수

01 컨테이너 개요

※ 컨테이너 : 화물의 안전과 신속한 운송을 목적으로 단위화된 용기에 화물을 넣어서 단일 적재하는 수송용 용기

 - 컨테이너의 화물운송 용기로서의 조건은 구조, 강도 등에 충족될 수 있도록 국제표준화기구(ISO)에서 규정하고 있다.

 (국제표준화기구 : ISO, International Standard Organization, 1947년 공업규격의 국제적 통일과 조정을 목적으로 발족한 국제기구)

 - 컨테이너의 구성조건은 장기 또는 반복 사용에 견딜 수 있는 충분한 강도가 있어야 한다.

 - 내부 화물을 중간에서 이적하지 않고 각종 수송 과정에서도 화물이 안전하게 수송될 수 있고 화물의 적입 및 적출이 용이하게 설계되어 있다.

[컨테이너의 용어]

구 분	내 용
Tare Weight	빈 컨테이너 무게(자체 중량)
Maximum Gross Weight	자체 중량과 화물중량을 합한 최대 중량
Maximum Payload	최대 총중량 - 자체 중량 = 최대 적재중량
Over All External Dimensions	외면 척수
Internal Dimensions	내면 척수
Unobstructed Capacity	내면 용적
Dimensions of Door Opening	문개구(門開口) 척수(尺數)

(1) 컨테이너의 분류

① 컨테이너 규격에 의한 분류

 ㉠ 해상운송에서 일반적으로 컨테이너는 20Ft, 40Ft, 40Ft High Cubic 등이 주로 사용되고 있는데, 국제적으로 유통되고 있는 컨테이너는 국제표준기구(ISO)의 표준규격을 사용하도록 권고한다.

© 20Ft 컨테이너를 TEU(Twenty-foot Equivalent Unit)라 하고, 40Ft 컨테이너를 FEU(Forty-foot Equivalent Unit)라 하여 물동량 산출을 위한 표준적인 단위로 삼고 있으며, 이 단위는 컨테이너 선박의 적재능력의 표시기준이 되기도 한다.

© 국제표준기준 컨테이너의 최대중량은 20Ft 컨테이너가 20.32톤, 40Ft가 30.48톤이나, 이것은 단지 컨테이너 제작시 내구성을 규정한 것이며, 우리나라에서는 도로법상 과적차량 단속기준으로 20Ft는 17.5톤, 40Ft는 20.0톤까지 적재할 수 있도록 제한하고 있다.

[컨테이너의 용어] (단위 : 중량 - M/T, 용적 - CBM)

규 격	빈 컨테이너 중량	최대 적재중량 (ISO) 기준	실제 최대중량 (국내)	최대 적재용적	평균 적재용적
20Ft	2.08~2.2	20.32	17.5	33	25
40Ft	3.88~4.05	30.48	20.0	67~68	55
40Ft(HC)	3.98~4.20	35.40	23.0	75~77	65

② 구조 형식에 의한 분류

㉠ 내주식 컨테이너(Inner Post Type, 內柱式) : 기둥이 내부에 있고 외벽이 매끈하기 때문에 컨테이너에 대한 손상률이 적고 소유주 표시, 컨테이너 번호 등의 표시가 편리할 뿐만 아니라, 용기의 습기, 손상 등을 방지한다.

㉡ 외주식 컨테이너(Outside Post Type, 外柱式) : 기둥이 외부에 나타나 있으므로 컨테이너에 대한 손상을 기둥이 막아주게 되며, 내장판에 대하여는 사용자의 필요에 따라 설치 여부를 결정한다.

③ 구조 재질에 의한 분류

컨테이너의 구조 재질에 의한 분류 선정은 물리적 강도, 화학적 성질, 내용연수(耐用年數), 구입비용, 유지비, 수송상의 제약, 도로 수송에 따른 중량의 제한, 화물에 대한 특성 등을 감안하여 철재, 알루미늄, FRP 등으로 분류하고 있다.

> **참고**
> FRP(Fiberglass Reinforced Plastics) : 유리섬유 등의 강력한 섬유가 첨가된 플라스틱으로 강도가 세고 쉽게 성형이 되는 특성이 있다.

㉠ 알루미늄(Aluminium Alloy) 컨테이너 : 컨테이너의 본체 구성이 알루미늄 합금으로 만들어진 것으로, 경량성·내구성의 특징이 있다. 중요부분에는

철재로 보강되어 있다. 그러나 강도가 부족하며, 외부 충격에 약해 마모되기 쉽고 가격이 비싼 단점이 있다.

> **참고**
>
> 내구성(耐久性) : 오래 견디는 성질

ⓛ 철재 컨테이너 : 철강재를 이용하여 조립된 컨테이너로서, 다른 재료에 비해 가격이 싸고 강도가 높고 용접이 간단하여 보수하기에 용이하다. 현재 전체 컨테이너의 주종을 이루고 있으나 중량이 무거우며 부식성과 내구성이 짧은 것이 단점이다.

ⓒ FRP 컨테이너 : 알루미늄 합금의 골조와 강화, 플라스틱과 폴리에스텔, 페놀 등 합성수지에 유리섬유(Fiberglass)를 가공하여 제조된 것으로서, 견고성과 단열 효과가 있으나 중량이 무겁고 가격이 비싸며 습도 변화에 결점이 있다. 일반 잡화뿐만 아니라 냉동화물 및 특수화물용으로 널리 사용되고 있다.

④ 사용 목적에 의한 분류

㉠ 컨테이너의 종류

구 분	명 칭	용 도
1	Dry Container	일반 건조화물용(일반잡화)
2	Insulated Container	냉장화물용(과실, 야채)
3	Reefer Container	냉동화물용
4	Ventilated Container	통풍화물용
5	Tank Container	액체화물용
6	Solid Bulk Container	살적화물용(산물, 액체, 분말)
7	Open Top Container	지붕이 없는 운송용(높은 화물, 중량화물)
8	Tiltainer	지붕과 측벽이 개방된 화물용
9	Flat Rack Container	네 기둥만 있는 운송용(기계, 중량물)
10	Vehicle Rack Container	차량운송 전용
11	Car Container	
12	Livestock Container	가축, 생(生)동물용
13	Pen Container(Animal)	
14	Hide Container	생피(生皮) 운송용
15	Platform Container	기계, 중량 화물용
16	Air Mode Container	항공수송용

ⓛ 특수컨테이너의 종류

구 분	명 칭	약 어	용 도
1	Full Height Open Top Container	FHOP	높은 화물, 중량 화물용
2	Half Height Open Top Container	HHOP	높이가 4'기계, 중량
3	Flat Bed with Collapsible End Container	FCCN	기계, 중량물, 차량용
4	Stacked with Collapsible End Container	SCCN	통풍화물용
5	Platform with Collapsible End Container	PLAM	액체화물용
6	Flat Bed with Fixed End Container	FBCN	기계, 중량, 산물용
7	Flat Rack with Fixed End Container	FRCN	기계, 중량, 차량용

(2) 컨테이너의 종류별 도해(圖解)

① Dry Container

② Reefer Container

③ Ventilated Container

④ Open Top Container

⑤ Platform Container

⑥ Solid Bulk Container

⑦ Flat Rack Container

⑧ Pen Container(Livestock Container)

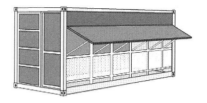

⑨ Car Container

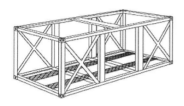

⑩ Tank Container

⑪ Air Mode Container

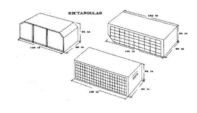

(3) 컨테이너 장점과 단점

① 컨테이너의 장점

특 성	내 용
하역비 절감	인력에 의한 재래식 하역 방법보다 적하·양하 하역 능률이 빠르기 때문에 하역비가 절감된다.
안전 수송	용기에 화물이 보호된 상태로서 내장된 화물이 파손, 오손, 도난의 염려가 적어 안전성이 높다.
포장비 절감	컨테이너 자체가 외장(外裝) 역할을 할 수 있으므로 포장비용을 절감할 수 있다.
보관료 절감	컨테이너를 일시 창고 또는 이동 창고로도 사용할 수 있으므로 창고 등을 이용해야 하는 보관비의 절감은 물론 물류비용의 절감을 가져올 수 있다.
문전서비스	컨테이너에 적입된 화물을 최종 목적지까지 문전서비스가 가능해졌다.
선화증권의 신속 발급	선화증권은 선박회사가 화물을 인수하거나 선적된 후에 발급되지만 컨테이너를 이용하면 적재, 봉인 즉시 선하증권을 발급받을 수 있다.
보험료 절감	화물을 어느 정도 안전하게 수송할 수 있으므로 보험조건을 완화할 수 있으므로 보험료가 절감될 수 있다.

② 컨테이너의 단점

　　㉠ 컨테이너 전용선, 하역장비, 컨테이너용기 등에 대한 대단위 투자가 필요하다.

　　㉡ 컨테이너선의 운항관리와 경영이 일반 재래선에 비해 복잡하고 고도의 전문적인 지식과 기술이 요구된다.

　　㉢ 컨테이너에 적입할 수 있는 화물의 종류가 제한적이다.

　　㉣ 컨테이너 하역시설이 갖추어진 항구에서만 하역이 가능하다.

(4) 컨테이너의 수송 형태

※ 컨테이너 수송은 화물의 일관운송으로 최대의 효율을 발휘할 수 있다. 이 운송 경로는 육·해·공에 걸친 각종의 수송 수단을 이용한 복합운송의 형태로 하지 않으면 안 된다.

> **참고**
>
> 복합운송 : 2가지 이상의 다른 운수수단에 의한 운송 형태

① 육상운송

　　㉠ 도로수송 : 트럭 또는 트레일러에 의하여 운송하는 방법

　　㉡ 철도수송 : 화차(Flat Car)에 컨테이너를 적재하여 운송하는 방법

　　　• TOFC 방법(Trailer On Flat Car) : 철도의 장거리 수송상 장점과 트럭의 단거리 수송상 장점을 결합한 복합운송방식으로, 섀시 위에 컨테이너를 올려놓은 형태로 화차에 싣는 방식

　　　• COFC 방법(Container On Flat Car) : 화차(Flat Car)에 컨테이너를 적재하는 방법으로 컨테이너를 트레일러와 분리하여 컨테이너만을 화차에 적재하는 방식

　　　• Kangaroo System 방법 : 프랑스에서 개발하여 사용하고 있는 TOFC시스템 방식의 일종으로 컨테이너의 높이를 낮게 하는 방식이다.

② 해상운송

　　㉠ 선적 형태에 의한 분류

　　　• 컨테이너 전용선(Full Container Ship) : 선창을 컨테이너의 적재를 위하여 전용화한 선박, 일반적으로 Lo/Lo(Lift on / Lift off)선에서는 셀(Cell)구조를 채용하고 갑판상에도 상갑판을 포함한 전 선창에 컨테이너 및 트레일러를 함께 적재할 수 있도록 설계되어 있다.

- 분재형선(Semi-container Ship) : 재래선 선창에 컨테이너 적재를 위한 셀 가이드를 설치·개조하고 갑판 위에도 적재할 수 있도록 설비한 선박으로서 일반 화물을 함께 적재 선상에 기중기(데릭, 짚 크레인)가 설치되어 있다.
- 겸용형선(Convertible Container Ship) : 재래 화물선에 소수의 컨테이너를 적재하여 수송하는 방법, 일반 잡화와 컨테이너를 혼용하여 적재할 수 있도록 설비된 선박
- 부선운반선(Lash & Lighter Aboard Ship) : 부선에 의한 수송이 주목적이나 선창 일부에 컨테이너를 전용으로 실을 수 있다. 화물을 적재한 부선을 그대로 선적할 수 있는 특수 구조의 화물선으로 부선 채로 실을 수 있는 단일적재 시스템 방식, 전용부두를 필요로 하지 않는 특징이 있다.
- Sea Bee Carrier : Lash선과 같은 기능의 부선을 이용한 수송용으로 하천이나 운하에서 주로 이용되는 선박
- BACAT(Barge Aboard Catamaran) : 소형 바지선을 운반(2,700 Dwt급)
- BACO(Barge and Container) : 컨테이너 및 12개의 바지를 운반 (21,000 Dwt급)

ⓛ 하역 방식에 의한 분류
- Lo/Lo 방식(Lift on / Lift off) : 화물을 선적·양하할 때 해치를 통하는 수직하역방법으로 윈치 또는 크레인을 이용하는 방식
- Ro/Ro 방식(Roll on / Roll off) : 화물을 선적·양하할 때는 본선의 앞·옆·뒤쪽에 설치되어 있는 부두측면(Ramp Way)을 통하여 트랙터·트럭·섀시·포크리프트를 이용하여 작업하는 수평하역방식
- Do/Do 방식(Drive on / Drive off) : Ro/Ro 방식과 동일한 하역 형태로서 카페리에 여객(운전자)과 차량이 함께 승선하는 방식
- Fo/Fo 방식(Float on / Float off) : Lash선, Sea Carrier선, Sea-Barge Clipper선 등 바지 운송선을 이용한 하역방식

③ **항공수송** : 항공용 화물을 위한 컨테이너를 이용하여 수송하는 방법

④ **기타** : 피더(Feeder) 서비스

물동량이 소량인 경우와 항만시설이 미비한 항구에 컨테이너 전용선이 직접 기항하지 않고 소형 컨테이너선을 이용하여 항구간의 운송 또는 자동차, 철도, 소형 선박으로 운항하는 보조적 수송방법

(5) 선박의 표시

① 선박의 흘수(Draft Mark)

⊙ 선박의 흘수(吃水, Draft) 표시는 선박을 건조할 때 정해지며, 선박이 수면 밑으로 가라앉는 깊이를 말한다.

⊙ 흘수란 어떤 선박이 화물을 만재(滿載)했을 때 선박의 중앙부와 수면이 닿는 위치에서 배의 가장 밑부분까지의 수직거리를 뜻한다.

⊙ 선박에 표시되어 있는 흘수 표시는 선수와 선미 양쪽에 있으며, 이 표시는 전통적으로 6인치(inch)를 단위로 표시하고 있으나 미터법의 일반화로 2가지를 혼용해 사용하고 있다.

기호	FULL LOAD LINE	만재흘수선(滿載吃水線)
T	TROPICAL FULL DRAFT LINE	열대해역 만재흘수선
S	SUMMER DRAFT LINE	하기 만재흘수선
W	WINTER DRAFT LINE	동기 만재흘수선
F	FRESH WATER FULL DRAFT LINE	담수 만재흘수선
TF	TROPICAL FRESH WATER FULL DRAFT LINE	열대지방 담수 만재흘수선
FWA	FRESH WATER ALLOWANCE	담수역 허용치
LA	LLOYD'S RESISTER	로이드 선급표식
WNA	WINTER NORTH ATLANTIC FULL DRAFT LINE	동기 북대서양 만재흘수선
C1	SUBDIVISION FULL DRAFT LINE	구획 만재흘수선, 여객선적용

② 건현표(乾舷標, 吃水線, Free Board Mark)

배 길이의 중앙에서 상갑판의 윗면으로부터 만재흘수선까지의 수직거리이다. 건현을 두는 이유는 선박의 안전항해를 위하여 예비부력(Reserve of Buoyance)을 갖도록 하는 것으로서 정부기관 또는 허가 받은 선급협회가 부여하고 있다.

③ 선박의 톤수

⊙ 선박의 크기나 수송능력을 나타내는 단위로서 선박의 톤수 제도가 있다.

⊙ 선박 톤수는 용량기준 재화 배수톤(Load Displacement Ton), 경화 배수톤(Light Displacement Ton), 중량톤(Dead Weight Ton)이 있으며 이는 용적을 기준으로 하는 총톤(Gross Ton)과 순톤(Net Ton)으로 구분한다.

• 총톤수(Gross Tonnage) : 총 용적을 나타내는 톤수로 100입방피트(CuFt)가 1총톤이다. 선박의 내부 총 용적, 즉 선내의 각 부분의 길이, 폭, 높이를 검척 용적의 합계를 100입방피트로 나눈 톤수로 보유 선복 통계,

입항료, 검사 수수료, 항해 보조금, 선박 등록세 등의 기준이 된다(1톤= 100Ft^3 또는 2.83m^3).

- 순톤수(Net Tonnage) : 화물 적재에 사용되는 선내의 용적 톤수를 말한다. 선박의 총톤수에서 선원실, 기관실, 해도실, 격실, 선용품 창고 등 선박의 운항, 안전 위생 및 이용상에 필요한 장소의 용적을 제외한 것으로 1ton은 100입방피트이다. 톤세, 입항세, 등대세, 잔교세, 도선세 등의 기본이 된다(1톤 = 100Ft^3 또는 2.83m^3).

- 적화중량톤수(Dead Weight Tonnage)
  - 2,240Lbs를 1ton으로 표시한다. 선박에 화물을 최대로 적재할 수 있는 총 중량톤을 말한다. 선박의 안전항해가 가능한 상태의 운반 능력이다.
  - 적화중량톤수는 선박에 화물을 만재했을 때 배출되는 물의 중량톤수에서 화물을 전혀 적재하지 않았을 때에 배출되는 물의 중량톤수를 감한 것이다. 이 적화중량톤수는 용선계약, 선박매매거래 등 상거래의 기준이다(1톤 = 1,000kg).

- 배수톤수(Displacement Tonnage)
  - 선체중량에 의해 배출되는 물의 중량을 계산하여 1,000kgs을 1ton으로 산정한 톤수이다. 배의 중량톤은 선체가 물에 잠긴 부분과 동일한 부피의 물의 중량을 말한다. 이 배수톤수는 아르키메데스 원리에 의한 선박의 무게를 말한다.
  - 배수톤수는 선박 자체의 무게를 나타내는 중량톤의 일종으로 적화중량톤과 같으며 1메트릭톤은 해수의 경우 35Ft이며, 담수의 경우에는 36Ft로 환산되어 사용되고 있다.

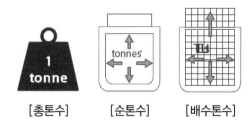

[총톤수]   [순톤수]   [배수톤수]

- 컨테이너 적재능력(TEU, Twenty Foot Equivalent Unit) : 컨테이너 20Ft규격을 1개 단위로 한다.

(1) 컨테이너화물의 양하작업

① 검수업무

   ㉠ 검수표(Tally Sheet)와 순서표(Sequence Sheet)

      컨테이너의 검수는 한 개의 슬링에 한 개의 컨테이너가 양하되며 또한 컨테이너 단위로 해서 야드에 운송된다. 컨테이너의 본선작업은 양하·적하가 동시에 이루어지는 것이 상례이므로 검수표와 순서표도 이에 맞도록 작성되어야 한다.

   ㉡ 검수표와 순서표상에 기재해야 할 사항

선명(Ship's Name)	항해번호(Voyage No.)	일자(Date)
사용크레인	장치장 번호(Bay No.)	순서번호(Sequence No.)
선박적재위치(Vessel Stowage Location)	컨테이너 번호	봉인번호(Seal No.)
트랙터 번호	작업시간(컨테이너 단위)	무 게
야드 위치	적 요	검수사 확인

   ㉢ 게시표(Ticket) 발행 : 양하된 컨테이너는 매 컨테이너 단위로 해서 아래와 같은 사항을 기재한 티켓(게시표)이 발행되어 트랙터 기사에게 전달된다.

선명(Ship's Name)	항해번호(Voyage No.)	일 자
컨테이너 번호	트랙터 번호	야드 위치
봉인번호(Seal No.)	적요 : 주로 내품에 영향을 미칠 우려가 있는 것과 냉동, 위험물 등을 표시	

   ㉣ 봉인(Seal) 취급

     • 봉인은 컨테이너 내품을 보장하는 가장 중요한 외적표시이며 봉인의 완전, 불완전은 내장품의 안전을 좌우한다. 그러므로 봉인의 점검은 세밀하고 완벽해야 한다.

     • 적하시 봉인이 없을 경우에는 즉시 터미널에 연락하여 지시에 따라야 한다. 검수사는 일등항해사의 입회하에 재봉인(Reseal)을 하고 적요에 재봉인한 봉인번호를 기록한 후 이를 터미널측에도 반드시 알려야 한다. 그러나 봉인이 파손되었을 경우에는 일등항해사 입회하에 새로이 봉인하고 적요에

파손된 봉인번호와 재봉인번호를 다 같이 기록한다. 그리고 이 모두를 반드시 제3자인 일등항해사, 세관원, 검수사의 서명을 받아야 한다.

- 이와 반면, 양하시 화물에 봉인이 없거나 파손된 흔적이 있다면 임의적으로 절대 처리해서는 안 되며 터미널 측이나 수석검수사, 일등항해사에게 연락하여 적절한 조치를 받는다.

(2) 컨테이너 화물의 적하작업

① 검수업무

　㉠ 본선 도착 전 검수사는 선박회사로부터 적하컨테이너목록서, 일반적화배치도, 베이플랜 등 작업에 필요한 서류를 받는다.

　㉡ 마샬링 야드로부터 이송되는 컨테이너를 베이플랜과 적하계획서, 그리고 이미 작성된 일반 적하배치도와 정확하게 확인한 후 양하항별로 구분 적재한다.

　㉢ 구분 확인된 컨테이너는 야드검수사에 의해서 컨테이너 검수표에 기록한다.

　㉣ 갑판검수사는 해당 컨테이너가 적하계획서와 동일한 위치에 정확하게 적재되었는지를 확인하여 잘못 선적되는 것을 사전에 예방한다.

　㉤ 적재작업시 컨테이너번호, 봉인번호, 규격, 베이(장치구역)번호, 트랙터 번호 등을 확인하여 컨테이너 검수표에 정확하게 기재한다.

　㉥ 적재작업시 검수사는 컨테이너 손상상태를 확인하여 이를 컨테이너 검수표에 정확하게 기재한다.

(3) 컨테이너 적요에 사용되는 용어

구 분	내 용
Adrift	표류, 떨어져 나간 것
Bent	굽은 것
Bottom	밑바닥
Broken	파손된 것
Broken off	떨어져 나간 것
Bruise	상처로 흠이 난 것
Buckled	주름이 잡힌 것
Bulged	부풀어 오른 것
Bulged out	부풀어 나온 것

Caved in	움푹 들어간 것
Chafed	마찰로 인하여 깎인 것
Chipped(Paint)	깎여서 떨어져 나간 것
Concave & Convex	요 철
Cracked	깨진 것, 금이 간 것
Crushed	찌그러진 것
Cut	절단된 것
Damaged	손상된 것
Debris	파괴된 자리, 흔적
Deep scratched	깊게 긁힌 것
Dented(Or Depressed)	움푹 들어간 것
Distorted	비틀어진 것
Edge chafe	끝부분, 가장자리
Edge cut	끝이 끊어진 것
Edge member	끝부분
Fractured	갈라진 것, 부러진 것
Gashed	깊게 갈라진 것
Gouged	구멍이 난 것
Grazed	갈려서 까진 상처, 스쳐서 벗겨진 것
Heavily	심하게
Hole	구 멍
Improperly	부적당한, 불완전한
Indented(Indentation)	굴곡이 심한, 깔쭉깔쭉(야긋야긋)한 흠
Loose	풀린, 흩어진, 늘어진 것
Missing	부족한 것, 없어진 것
Old / Used	오래된, 사용된
Partly	부분적
Pin hole	작은 구멍
Pitted	오목하게 구멍난 것
Pushed in	밀려서 들어간
Repaired	수 리
Resealed	재봉인
Resealed on board	본선에서 재봉인
Rivet off	철재용 못이 빠진 것
Rubbed	마찰로 긁힌 것
Rusty	녹슨 것
Scraped	스쳐진 것, 긁힌 것

Scratched	긁힌 것
Scratched and chipped all over	전체가 긁히고 깎여져 나간 것
Seal(Sealed)	봉인(봉인한 것)
Seal off(broken)	봉인이 없는 것(봉인이 절단된 것)
Shift	이 동
Shifting container	이동 컨테이너

(4) 컨테이너 화물의 적요

구 분	Container Exception	컨테이너 적요내용
Adrift	Rear grab bar adrift(Twisted or distorted).	뒤쪽 잠금 장치대가 떨어짐(비틀어짐)
	Rear locking bar adrift.	뒤쪽 잠금 장치대가 떨어짐
Bent	Bottom side cross member 1pc bent(10cm).	아래쪽 받침대 1개가 굽었음(10cm)
	Left side corner post(corner casting or fitting) bent	좌측 모서리 기둥이 굽었음
	Left door lock handle bent.	좌측 문의 잠금대가 굽었음
Bulged	Right side panel all bulged out.	우측 판넬이 완전히 부풀어 올랐음
Broken	Locking pad eye (device) broken.	잠금 장치가 파손됨
	Bottom side cross member 1place broken (fractured)(10cm×10cm).	아래 받침대 1부분이 파손됨(10cm×10cm)
	Left side door locking bar broken.	왼쪽 문 잠금대가 파손됨
Bruise	Left side 1place bruise(5cm×5cm).	왼쪽 1부분이 상처로 흠이 생김(5cm×5cm)
Caved In	Right side panel all caved in(concave or convex).	우측 판넬 전체가 움푹 들어감(요철)
Cracked	Right side corner fitting cracked.	우측 모서리 Fitting 파손됨
	Left door hinge 2place cracked.	좌측문 경첩 2부분이 금이 갔음
Cut	Right side post 1pc cut(10cm×10cm).	측 기둥 1개가 잘렸음(10cm×10cm)
	Left side door handle 1place cut.	좌측문 손잡이가 잘렸음
Debris	Left side panel heavily indentation debris.	좌측 판넬에 심하게 움푹 들어간 흔적이 남았음
Dented	Left side panel 1place dented(5cm×5cm).	좌측 판넬 1부분이 우그러짐(5cm×5cm)
	Right side wall about (5cm×5cm) dented.	우측 판넬(벽)이 약 (5cm×5cm) 우그러짐
	Left side corner post 1place dented.	좌측 모서리 기둥 1부분이 우그러짐(5cm×5cm)

Dented	Rear gutter dented. various dents or depressed on top and side panel.	뒤쪽 물받이가 우그러짐. 위쪽과 옆 판넬이 여러 가지로 우그러지고 눌림이 있음
Distorted	Top corner angle piece distorted.	위쪽 모서리 앵글이 비틀어짐
	Left rear lower corner fitting distorted.	좌측 뒤의 아랫부분의 모서리 Fitting이 비틀어짐
Edge Member	Right door edge member 1place cut(10cm).	우측 문 모서리 1부분이 잘렸음(10cm)
Gash	Top panel gashed.	위 판넬이 깊게 갈라짐
Gasket	Right door gasket(rubber) 1place loosed.	우측 문 개스킷(고무) 1 부분이 늘어졌음
Graze	Left door 1place grazed.	좌측 문짝 1부분이 상처가 남
Heavily	Left side panel 1place heavily broken.	좌측 판넬 1부분이 심하게 파손됨
	Left side panel 1place heavily indentation.	좌측 판넬 1부분에 심하게 움푹 들어감
	Left door 1place heavily broken.	좌측 문 1부분이 심하게 파손됨
Hinge	Right door hinge broken.	우측 문 경첩이 파손됨
Holed	Right side panel 1place holed(10cm×10cm).	우측 판넬 1부분이 구멍이 났음(10cm×10cm)
Improperly	Right door under 1place improperly closed (difficulty in opening/closing).	우측 문아래 1부분이 올바르게 잠기지 않음(열림·잠김이 곤란함)
Indented	Right side panel several point indented.	우측 판넬 여러 부분이 심하게 움푹 들어감
Missing	Right door locking bar handle 1pc missing.	우측 문 잠금대 1개가 없어짐
No Seal	Right door no seal, resealed on board (reseal/#1355).	우측 문에 봉인이 없음, 본선상에서 재봉인함(Reseal/#1355)
Old / Used	Old & Used container.	재사용 컨테이너
Panel	Right side panel 1place (partly, several, all over) holed.	우측 판넬 1부분(부분적, 여러 부분, 전체)에 구멍이 남
Partly	Right side panel partly (several) moderately dented.	우측 판넬이 부분적(여러 부분)으로 중간 정도 우그러짐
	Left side panel partly (several) slightly dented.	좌측 판넬이 부분적(여러 부분)으로 약간 우그러짐
	Right side panel partly (several) heavily dented.	우측 판넬이 부분적(여러 부분)으로 심하게 우그러짐
Pin Hold	Left side panel several point pin hole.	좌측 판넬 여러 부분에 작은 구멍이 있음
Pushed In	Right side panel 1 place pushed in.	우측 판넬 1부분이 밀려서 들어갔음(우그러짐)
Repaired	Left side panel 1 place fixed (repaired) by taped.	좌측 판넬 1부분 테이프 붙였음

Rivet Off	Front side post 3pcs rivet off.	앞쪽 모서리 기둥 3개의 철판못이 빠졌음
	Top panel rivet loose & 5pcs missing.	위쪽 판넬의 철판용 못이 헐렁하고 5개가 부족함
Scraped	Left side panel 1place scraped(L-10cm).	좌측 판넬 1부분이 긁혔음(L-10cm)
	Right side panel scraped all over.	우측 판넬이 전체적으로 긁혔음
Scratched	Left side panel 4places scratched (10cm × 10cm) each.	좌측 판넬 4부분이 각각 긁혔음(10cm × 10cm)
	Top panel 1place scratched(pitted).	위쪽 판넬 1부분이 긁혔음(오목하게 구멍이 남)
	Numberous scratched on top & side panel.	위쪽과 옆쪽에 심하게 긁혔음
Scratched	Left side panel scratched all over.	좌측 판넬이 전체적으로 긁혔음
	Right side panel several point scratched.	우측 판넬이 여러 부분이 긁혔음
Seal Off	Left door seal off, resealed on board(reseal #123).	좌측 문 봉인이 없음, 본선상에서 재봉인함(재봉인 #123)
	Right door lad sealed additional sealed on board(reseal#456).	우측 문 봉인을 납으로 본선에서 추가 봉인함(재봉인 #456)
	Right door seal broken(original seal / #1234), Resealed on board(reseal#456).	• 우측 문 봉인이 파손됨(최초 봉인 #1234) • 본선상에서 재봉인함(재봉인 #456)
Slightly	Left side panel 3 places slightly scratched.	좌측 판넬 3부분이 약간 긁혔음
Stained	Right side panel stained by oil all over.	우측 판넬이 기름에 의해 전체가 더러워졌음
	Top side panel stained by mud.	위쪽 판넬이 진흙으로 더러워짐
Stay	Bottom side panel stained by mud.	바닥 면 판넬이 진흙으로 더러워짐
Torn	Right side panel torn & broken by forklift.	우측 판넬이 지게차에 의해서 찢어지고 파손됨
	Right side 1panel place torn(10cm×10cm).	우측 판넬 1부분이 찢어짐(10cm×10cm)
Twisted	Left door place unclosed(improperly closed).	좌측 문이 닫히지 않았음(불완전하게 닫혔음)
	Left side post dented & twisted.	좌측 기둥이 우그러지고 비틀어짐
	Rear grab bar heavily twisted.	뒤쪽 잠금 장치가 심하게 휘어졌음
Unclosed	Right door upper 1place unclosed (improperly closed).	우측문의 위쪽 1부분이 닫히지 않음(불완전하게 닫혔음)
	Right door under 1place unclosed.	우측문의 아래 1부분이 닫히지 않음

03 CFS 검수

(1) CFS란?

CFS(Container Freight Station)란 선박회사나 대리점이 선적화물을 화주로부터 인수하거나, 양하된 화물을 화주에게 인도하기 위해 LCL화물을 보관하는 지정된 장소이다(관세청으로부터 보세화물 조작 허가가 있어야 함).

수출화물의 경우에는 LCL Cargo를 집하보관하여 양하지별로 구분하여 컨테이너에 적입(Stuffing)작업을 행한다. 수입화물의 경우에는 화물을 컨테이너에서 적출(Unstuffing)하여 수화주별로 분류하고 인도하는 장소로서 통관업무도 행하고 있다.

① 화물량에 의한 구분

    ㉠ CL화물(Container Loaded cargo)

        • 컨테이너 1개를 채우기에 충분한 양의 화물

        • 화주의 공장 또는 창고에서 컨테이너에 적입되어 화주에 의해 직접 운반되며, 도착지에서는 화주에게 직접 인도한다.

        • FCL(Full Container Load)라고도 한다.

    ㉡ LCL화물(Less then Container Load cargo)

        • 컨테이너 1개를 채우기에 부족한 소량의 화물

        • CFS에서 소량의 화물을 여러 화주로부터 인수하여 목적항별로 화물을 구분하여 여러 화주의 소량화물을 Full 컨테이너 형태로 하는 작업을 말한다. 도착지에서도 CFS에서 적출작업을 하여 화주에게 인도한다.

② 취급에 의한 구분

    ㉠ 운송인 적하 컨테이너(Carrier Loaded Container) : 운송인 또는 선박회사의 책임하에 화물을 적입한 후, 봉인을 마친 상태의 컨테이너로서 주로 LCL화물을 취급한다.

    ㉡ 화주 적하 컨테이너(Shipper Loaded Container) : 단일 화주의 화물을 송화주가 개수, 상태에 대한 모든 책임을 질 것을 약속하는 형태로서 컨테이너에 적입, 봉인(Seal)까지 완료하는 컨테이너로서 선하증권에도 표시하고 있다.

③ 운송형태에 의한 구분

　※ 컨테이너화물은 FCL화물의 경우 화주의 공장 또는 창고에서 컨테이너에 적입되어 바로 CY(Container Yard)로 보내지나, LCL화물의 경우 CFS에서 같은 방향으로 가는 화물끼리 혼재되어 목적지까지 운송된다. 이에 따라 컨테이너 화물의 운송을 수출지의 송화인과 수입지의 수화인의 관계에서 다음과 같이 4가지 운송형태로 구분할 수 있다.

> **참고**
>
> 혼재(混載, Consolidation) : 화물을 섞어 실음

　㉠ CY/CY(FCL/FCL, Door to Door) : 단일 송화인의 화물을 단일 수화인에게 보내는 경우로 컨테이너운송의 이점을 최대한 살려 수출상의 공장이나 창고에서 수입상의 창고까지 일관운송하는 형태

　㉡ CY/CFS(FCL/LCL, Door to Pier)
　　• 송화인의 생산공장이나 창고에서 1대의 컨테이너에 FCL 화물상태로 적재되어 목적지까지 운송되어 수입지의 CFS에서 하역하여 여러 명의 수화인에게 인도하는 형태
　　• 단일의 송화인, 다수의 수화인 관계의 운송방법

　㉢ CFS/CY(LCL/FCL, Pier to Door)
　　• 선박회사의 지정 CFS에서 다수의 송화인의 화물을 혼재하여 목적지의 단일의 수화인의 창고, 문전까지 운송하는 형태
　　• 다수의 송화인, 단일의 수화인 관계의 운송방법

　㉣ CFS/CFS(LCL/LCL : Pier to Pier)
　　• 선적항의 CFS에서 다수의 송화인의 화물, 즉 컨테이너 1대에 미달하는 소량화물(LCL)을 혼재하여 목적항에서 다수의 수화인에게 인도하기 위하여 CFS에서 화물을 해체한 후 수화인별로 분류하여 전달하는 형태
　　• 다수의 송화인, 다수의 수화인의 관계의 운송방법

(2) 수출화물의 인수

① 화주 문전 인수
　㉠ 선박회사에서 수하목록(Booking List)을 인수한다.
　㉡ 화물 도착시간 확인 및 명세서를 작성한다.

ⓒ 화물이 도착할 때는 부두수취증(D/R, Dock Receipt), 수출허가서(Export License)를 확인한다.

ⓔ 화물개수와 기호, 부두수취증에 기재된 개수를 확인한다.

ⓜ 화물의 포장상태가 정상적인가를 확인한다. 화물의 이상을 발견했을 때에는 부두수취증의 적요에 이상내용을 기재한다. 다만, 파손상태가 심하여 수송상 지장을 초래할 수 있는 화물에 대해서는 송화주에게 연락하여 대체 또는 인수를 유보한다.

ⓗ 부두수취증과 수출신고서가 없을 경우 선박회사에 보고 후 지시를 받는다.

ⓢ 부두수취증에 기록된 중량과 용적을 수하목록과 대조 확인한다.

ⓞ 타 화물에 손상을 줄 가능성이 있는 화물은 CFS 측 담당자나 선박회사에 연락하여 지시를 받는다.

② 창고에서 화물을 인수할 때

ⓖ 행선지별, 장치장(Lot)별로 팔레트에 일정한 숫자를 쌓는다.

ⓛ 보관장소를 지시한다.

ⓒ 보관화물에 장치장별로 표찰을 부착한다.

ⓔ 화물보관 상태 파악을 위해 창고적재위치계획(Location Plan)을 작성한다.

ⓜ 창고장에게 확인인수증을 받는다.

ⓗ 기기수도증이 없는 화물은 적입하지 않는다.

(3) 컨테이너 적입(Vanning, Stuffing)

※ 적입(Vanning, Stuffing) 작업이란 컨테이너에 화물을 반입하는 것을 말하며, CFS 운영자가 화물의 반입현황을 참고로 하여 CY로부터 소요량의 빈 컨테이너를 공급받아 컨테이너에 화물을 반입하는 작업을 하는 것이다.

※ LCL화물은 일반적으로 CFS에서 적입하고 있으며, FCL화물은 화주의 창고에서 적입하고 있다. 때로는 하주의 사정에 의하여 CFS로 운반하여 화주 책임하에 적입을 행하는 경우도 있다.

※ CFS에서 적입작업의 경우에는 적입화물에 대한 손상방지와 적재 가능한 양의 화물을 적입할 수 있도록 계획을 수립하여 컨테이너 용적 또는 중량에 적합한 화물을 적입함으로써 컨테이너의 여석(餘席, Broken Space)이 발생되지 않도록 주의한다.

① 적입작업을 할 때의 주의사항

    ㉠ FCL화물 또는 LCL화물여부를 확인한다.

    ㉡ 화물의 성질에 맞는 컨테이너를 사용한다.

    ㉢ 서비스 코드가 무엇인가를 확인한다.

    ㉣ 컨테이너 번호를 확인한다.

    ㉤ 컨테이너의 외부와 내부의 파손 상태를 철저히 점검한다.

    ㉥ 청소상태와 다른 화물에 손상을 주는 화물인지를 확인한다.

    ㉦ 화물의 성질에 따라 적입에 주의한다.

        • 수분이 있는 화물과 건조화물과의 혼적을 피한다.

        • 냄새 나는 화물과의 혼적을 피한다.

        • 분말화물과의 혼적을 피한다.

        • 위험화물과의 혼적을 피한다.

    ㉧ 적입할 때는 신속히 하고, 개수를 정확히 한다.

    ㉨ 한 컨테이너에 동일항(동일 지역) 화물만을 적입한다.

    ㉩ 가능한 하나의 장치장에 화물을 분할하여 적입하지 않는다.

    ㉪ 양하지에서 반출할 때 불필요한 시간과 비용을 줄이기 위한 적입작업을 한다.

    ㉫ 중량화물을 적입할 때는 화물의 무게가 한쪽으로 집중하는 것을 피하며 화물의 충격을 방지하기 위해 짐 깔개 등을 충분히 깔아야 한다.

    ㉬ 컨테이너의 공간을 최대한으로 이용하도록 한다.

    ㉭ 동일품목으로 각 다른 포장종류에 대하여 확인한다.

    ㉮ 여러 화물을 혼재할 때는 중량화물과 포장이 견고한 화물을 아래 부분에, 포장이 약한 것과 가벼운 화물은 위쪽 부분에 적재하며 화물의 손상예방에 최선을 다한다.

    ㉯ 컨테이너 자체 중량과 화물중량을 검토하여 최대 화물중량(Pay Load)을 초과하지 않도록 적입한다.

    ㉰ 문의 잠금상태 및 침수가능 여부를 확인한다.

    ㉱ 봉인번호 및 잠금장치를 정확히 확인하여 검수사가 봉인한 후 적입검수표에 봉인번호를 기록한다.

    ㉲ 화물의 과·부족

        • 화물개수의 과·부족이 생길 경우에는 즉시 수석검수사에게 보고하고 재검수를 하여야 한다.

- 부두수취증과 수출신고서에 기재된 화물의 개수가 반드시 일치해야 한다.
- 화물의 이상 유무를 적하목록, 선하증권사본 등과 대조 확인하여 이상이 있을 경우 즉시 선박회사에 보고한다.

② 적입작업 후 작성서류

㉠ 컨테이너에 화물적입이 완료되면 서기는 검수사가 작성한 적입검수표와 부두수취증을 근거로 해서 각 컨테이너별로 컨테이너 적재계획서(CLP)를 작성하여 선박회사 또는 화주에게 제출한다. 이 컨테이너 적재계획서에는 해당 컨테이너에 적재된 화물의 행선지, 수화주명, 선하증권번호, 선적지시서 번호, 품명, 수량, 서비스 코드, 적재순서 등을 기재한다.

㉡ 부두수취증 및 기타 서류정리

㉢ 화물적입목록을 작성한다.
- 세관에 대한 화물 반·출입 신고
- CFS/CY 간의 화물 인수·인도 내용
- 양하지에서 컨테이너 보세운송의 절차
- 양하지에서 컨테이너 적출작업

(4) 컨테이너 적출(Devanning, Unstuffing)

※ 적출작업은 수입된 양하 컨테이너 중에서 LCL 컨테이너 또는 지정된 컨테이너를 CFS에서 화물을 반출하는 작업으로서 적출된 화물을 수하주 단위로 인수자에게 인도하는 것이다.

※ 적출작업은 적지에서 송부된 컨테이너 적재계획서와 적하목록에 의하여 이루어지며, 적출된 화물은 수화주가 찾아갈 수 있도록 CFS 창고 내에 보관하게 된다.

※ 작업이 완료된 후 빈 컨테이너는 선박회사 측 요구에 의해 반납되며 선박회사에서는 이를 신속하게 재사용할 수 있도록 운영계획을 세우고, CY 및 장치장에서는 수시로 컨테이너 재고목록을 작성·확인한다.

① 적출작업을 할 때의 주의사항

㉠ 선박회사 또는 화주로부터 관계서류를 입수한다.

㉡ 화물인수가 명세서, 선하증권 사본, 컨테이너 내용명세서에 의한 화물반출계획 및 인도계획을 세운다.

㉢ 적하목록, 선하증권 사본, 컨테이너 내용명세서를 확인하면서 수화주별로 화물을 적출하여 창고에 보관한다.

㉣ 컨테이너번호를 확인한다.

ⓜ 봉인번호의 정확성과 잠금장치 상태를 확인하여 기록한다.

ⓗ 문을 열 때에는 짐이 무너지기 쉽기 때문에 주의하며, 문이 열리지 않을 때
는 평탄한 장소에 옮기거나 문 쪽을 높이 달아 올리는 것이 좋은 방법이다.

ⓢ 화물의 과·부족

- 화물개수의 과·부족이 생길 경우에는 즉시 수석검수사에게 보고하고 재
검수를 하여야 한다.

- 부두수취증과 수출신고서와 화물개수가 반드시 일치하여야 한다.

- 화물의 이상 유무를 적하목록, 선하증권 사본 등과 대조 확인하며 이상
이 있을 경우 즉시 선박회사에 보고한다.

② 적출작업 후 작성서류

㉠ 적출검수표를 작성한다.

㉡ 화물이상유무보고서(Cargo Exception Report)를 작성한다.

㉢ 화물적출목록을 작성한다.

(5) CFS 화물적요(Cargo Exception)

① 부족(Shortage) : 컨테이너의 적입·적출작업이 완료된 후 화물개수가 부족할 때
는 선박회사와 화주에게 연락하여 부족분에 대한 처리문제를 협의한다.

㉠ 수입화물에 대한 적출결과가 적하목록에 기재된 화물개수보다 부족한 경
우에는 선박회사 또는 화주에게 연락하여 조치를 받는다.

㉡ 수출화물의 경우 컨테이너에 대한 적입작업이 완료된 후 선하증권번호별
로 화물부족 개수가 나타났을 때는 즉시 수석검수사에게 연락을 취하고 창
고 내 또는 야적장에서 해당 화물을 확인하도록 한다.

㉢ 위의 상황과 같은 경우 다른 컨테이너에 잘못 적입되는 사례도 있으므로
즉시 창고의 재고목록을 통하여 확인한다.

㉣ CFS에 입고할 때 착오에 의한 검수착오와 창고에서의 분실, 도난으로 인
한 화물부족의 경우 즉시 보고하여 책임한계를 분명히 한다.

② 화물과다(Overage)

㉠ 수출화물의 경우 수량이 초과할 때 화주는 부두수취증상의 화물개수를 정
정할 수도 있으나, 수입화물의 경우 적하목록과의 화물개수 차이는 세관에
"이상유무보고서"를 제출하여 목록정정을 받아야 한다.

ⓛ 수출화물의 경우에 화물의 인수 수량이 서류보다 많은 경우에는 Number Tally를 하여 해당되지 않는 화물은 반송한다.

③ 화물손상

　ㄱ 수출화물의 경우 인수할 때에 손상이 발견되었을 때는 송화주에게 손상상태 등을 연락하여 수리 또는 화물을 교환한다.

　ㄴ 소량의 손상이 있을 경우에도 필요에 따라 수리한다.

　ㄷ 화물에 기호나 번호가 없을 경우에는 화주에게 연락하여 화주로 하여금 기재하게 한다.

　ㄹ 파손화물에 대한 화주가 입회할 때에는 검수표상에 입회자들의 서명을 받는다.

　ㅁ 필요에 따라 부두수취증에 적요사항을 기재한다.

④ 화물도난

　ㄱ 도난 또는 분실되었다고 생각되는 화물에 대해서는 송화주 또는 수화주에게 연락하여 내품을 검사하고 중량을 계량할 경우도 있다.

　ㄴ 도난 또는 분실화물에 대해 화주가 입회할 때에는 검수표상에 입회자들의 서명을 받아야 한다.

　ㄷ 검수사는 본선 도착 전에 발생한 파손화물을 확인하고, 작업 중 발생하는 도난에 대해서는 검수표에 하역책임자의 확인서명을 받는다.

⑤ CFS화물 적요사항 : 컨테이너 화물의 적요도 일반화물, 차량 등과 동일한 조건을 갖추고 있으므로 일반화물의 적요와 동일한 내용으로 적요를 한다.

(6) 검수서류 및 흐름도

① 본선 컨테이너 화물의 서류

No	서류명
1	Container Operation Daily Report
2	Container Sequence Tally Sheet
3	Time Sheet
4	Final Out Turn & Exception Report
5	Container Summary(Port Recapitulation)
6	Performance Report
7	Stowage Plan

8	Bay Plan
9	Inbound Cargo Manifest
10	Inbound Container List
11	Container Loading No. List
12	Dangerous Cargo Manifest
13	Reefer Container Condition Report
14	Container Exception List
15	Special Container Exception List
16	Container Shifting(Rehandling) Report
17	Equipment Interchange Receipt
18	Rain(降水) Time Sheet
19	Container No. & Seal No.
20	Actual Container, Seal Number List
21	Container List
22	Convention
23	Service Request(Permission) / Board Request(Permission)
24	Invoice
25	Bill

② 본선 일반화물의 서류

No	서류명
1	Manifest(도착화물용)
2	Stowage Plan
3	Block Stowage Plan
4	Operation Daily Report
5	Time Sheet
6	Cargo Boat Note
7	Over Landed & Short Landed Report
8	Cargo Exception List
9	Final Out Turn & Exception Report
10	Hatch List
11	Loading Cargo List
12	Cargo Loading / Palletized List
13	Wire Wall Pipe List
14	Thin Wall Pipe List
15	Heavy & Lengthy Cargo List
16	Cargo Rehandling Report

17	Daily Working Report
18	Tally Sheet General Car / Vehicles
19	Certificate of Measurement And / Or Weight
20	협정서(Convention)

③ CFS Terminal의 서류

No	서류명
1	Tally Sheet(General Cargoes / Household Goods) : 검수표
2	Cargo Outturn Report(화물결과보고서)
3	Receiving Order(인도요청서)
4	CFS (Inbound/Outbound) Cargo Checking Status
5	Warehouse Inventory List(창고목록)
6	Certificate of Containerized Cargo(컨테이너 화물증명서)
7	Container Load Plan(컨테이너 적재계획)

적중예상문제

01 컨테이너화의 이점이 아닌 것은?

① 선박을 다양화할 수 있다.
② 화주의 운송비용을 절감시킬 수 있다.
③ 고객에 대한 문전서비스(Door to Door)가 가능하다.
④ 화물을 단위화(United)하여 수송능률을 향상시킬 수 있다.

02 컨테이너 수송의 장점이라고 할 수 없는 것은?

① 포장비 절감   ② 하역비 절감
③ 일관수송 가능   ④ 선하증권 발급비용 절감

03 안전운송은 컨테이너 수송의 큰 장점이다. 이와 직접적인 관련이 있는 것은?

① 보험료 절감   ② 보관료 절감
③ 문전서비스   ④ 하역비 절감

04 컨테이너 수송의 한계점에 대한 설명으로 옳지 않은 것은?

① 제한된 종류의 화물만 컨테이너에 적입할 수 있다.
② 컨테이너 하역시설이 갖추어진 항구에서만 하역이 가능하다.
③ 컨테이너 전용선, 하역장비, 컨테이너용기 등에 대한 대단위 투자가 필요하다.
④ 자동화시스템이 갖추어져 있어 컨테이너선의 운항관리와 경영이 일반 재래선에 비해 단순하고 고도의 전문적인 하역기술을 필요로 하지 않는다.

05 철도의 장거리 수송의 장점과 트럭의 단거리 수송의 장점을 결합한 복합운송방식으로서 섀시 위에 컨테이너를 올려놓은 형태로 화차에 싣는 방식은?

① COFC 방식 　　　　　　　② Flat Car 방식
③ TOFC 방식 　　　　　　　④ Kangaroo System 방식

> **참고**
> • COFC : Container On Flat Car
> • TOFC : Trailer On Flat Car

06 컨테이너를 트레일러와 분리하여 컨테이너만 화차에 싣는 방식은?

① COFC 방식 　　　　　　　② Flat Car 방식
③ TOFC 방식 　　　　　　　④ Kangaroo System 방식

07 프랑스에서 개발한 TOFC 방식의 일종으로 컨테이너의 높이를 낮게 하여 수송하는 방식은?

① COFC 방식 　　　　　　　② Flat Car 방식
③ TOFC 방식 　　　　　　　④ Kangaroo System 방식

08 다음 선박구조에 대한 설명에 해당하는 것은?

> 선창을 컨테이너의 적재를 위하여 전용화한 선박으로서, LO/LO선에서는 셀(Cell)구조를 채용하고 갑판 상에도 상갑판을 포함한 전 선창에 컨테이너 및 트레일러를 함께 적재할 수 있도록 설계되어 있다.

① 분재형선(Semi-container Ship)
② 컨테이너 전용선(Full Container Ship)
③ 겸용형선(Convertible Container Ship)
④ 부선운반선(Lash & Lighter Aboard Ship)

09 다음 선박구조에 대한 설명에 해당하는 것은?

> 재래선 선창에 컨테이너 적재를 위한 셀 가이드를 설치·개조하고 갑판 위에도 적재할
> 수 있도록 설비한 선박으로서, 일반 화물을 함께 적재할 수 있도록 선상에 기중기가
> 설치되어 있다.

① 분재형선(Semi-container Ship)
② 겸용형선(Convertible Container Ship)
③ 컨테이너 전용선(Full Container Ship)
④ 부선운반선(Lash & Lighter Aboard Ship)

10 다음 선박구조에 대한 설명에 해당하는 것은?

> 부선에 의한 수송이 주목적이나 선창 일부에 컨테이너를 실을 수 있는 선박이다. 화물을
> 적재한 부선 채로 실을 수 있는 단일적재 시스템 방식으로 전용부두를 필요로 하지
> 않는다.

① 분재형선(Semi-container Ship)
② 겸용형선(Convertible Container Ship)
③ 컨테이너 전용선(Full Container Ship)
④ 부선운반선(Lash & Lighter Aboard Ship)

11 다음이 설명하는 하역방식은?

> Ro/Ro 방식과 동일한 하역 형태로서 카페리선에 여객(운전자)과 차량이 함께 승선하는
> 방식이다.

① Do/Do 방식   ② Ro/Ro 방식
③ Lo/Lo 방식   ④ Fo/Fo 방식

12 다음이 설명하는 것은?

> 물동량이 소량인 경우와 항만시설이 미비하여 컨테이너 전용선이 직접 기항하지 않고, 소형 컨테이너선을 이용하여 항구간 운송을 하는 보조적 수송을 한다.

① Lash 수송
② BACO 수송
③ BACAT 수송
④ 피더선(Feeder Container Ship) 수송

13 컨테이너의 조건에 대한 설명으로 옳지 않은 것은?

① 수송 및 이동을 용이하게 할 수 있도록 설계되어야 한다.
② 내구성을 지니고 장기 또는 반복사용에 적합한 충분한 강도가 있어야 한다.
③ 컨테이너는 비교적 비싸기 때문에 비용절감을 위해 가능한 저렴한 철재류를 많이 사용한다.
④ 내부 화물을 중간에서 이적하지 않고 각종 운송수단들 사이에 화물이 안전하게 수송될 수 있도록 설계되어야 한다.

14 해운동맹에서 정의하고 있는 컨테이너 규칙으로 옳지 않은 것은?

① 견고하고 단일 용기일 것
② 반복하여 사용할 수 있을 것
③ 내부 용적이 135Ft^3 이상일 것
④ 이적(移積)이 쉽도록 바퀴가 달려 있을 것

> **참고**
>
> 해운동맹(Shipping Conference, Shipping Ring)은 운임동맹(Freight Conference)이라고도 한다.

12 ④ 13 ③ 14 ④ **정답**

15 국제적으로 통용되는 컨테이너의 크기, 규격 등을 규정하고 있는 국제기구는?

① IMO

② ISO

③ ILO

④ ISF

16 국제 대형 컨테이너에 표시하지 않아도 되는 사항은?

① 최소 적재량

② 최대 총중량

③ 소유자의 국적

④ 소유자의 기호 및 번호

17 'Tare Weight'가 뜻하는 것은?

① 외면 척수

② 내면 용적

③ 최대 적재 중량

④ 빈 컨테이너의 자체중량

18 컨테이너 관련 용어의 관계가 서로 맞지 않는 것은?

① Maximum Payload …… 최대 용적량

② Tare Weight …… 컨테이너 자체무게

③ Over All External Dimensions …… 외면 척수

④ Maximum Gross Weight …… 컨테이너 자체 중량과 화물중량을 합한 최대 중량

19 다음 자료에 의해 컨테이너의 Maximum Payload를 계산하면?

> Tare Weight가 300kg/t인 20ft 컨테이너에 화물을 완전히 적입한 후 계측해 보니 Maximum Gross Weight가 850kg/t이었다.

① 300kg/t   ② 550kg/t

③ 850kg/t   ④ 1,150kg/t

20 'Unobstructed Capacity'란?

① 외면 척수

② 내면 척수

③ 최대 면적

④ 내면 용적

21 'Internal Dimensions'란?

① 외면 척수

② 내면 척수

③ 최대 면적

④ 내면 용적

22 해상운송에서 일반적으로 사용되는 컨테이너의 규격이 아닌 것은?

① 20Ft

② 30Ft

③ 40Ft

④ 40Ft High Cubic

23 수출입 화물의 물동량 산출과 컨테이너 선박의 적재능력을 표시하는 기준이 되는
컨테이너의 규격은?

① 20Ft   ② 30Ft

③ 40Ft   ④ 40Ft High Cubic

24 다음과 같은 특징을 가진 컨테이너는?

> • 내구성이 좋다.   • 경량성이 뛰어나다.
> • 가격이 비싸다.   • 강도가 부족하다.
> • 외부 충격에 약하다.

① 철재 컨테이너   ② FRP 컨테이너

③ 알루미늄 컨테이너   ④ Fiberglass 컨테이너

25 냉동화물을 수송하는 데 사용하는 컨테이너는?

① Dry Container

② Tank Container

③ Reefer Container

④ Flat Rack Container

26 액체화물을 수송하는 데 사용하는 컨테이너는?

① Dry Container

② Tank Container

③ Reefer Container

④ Flat Rack Container

27 냉장화물(야채, 과일 등)을 수송하는 데 사용하는 컨테이너는?

① Dry Container

② Reefer Container

③ Insulated Container

④ Flat Rack Container

28 기계와 같이 중량물을 수송하는 데 사용되며, 네 기둥만 있는 컨테이너는?

① Car Container

② Pen Container

③ Flat Rack Container

④ Open Top Container

29 컨테이너의 장점에 대한 설명으로 적절하지 않은 것은?

① 고가의 하역장비를 사용함으로 하역비가 증가된다.

② 컨테이너 자체가 외장(外裝) 역할을 할 수 있으므로 포장비용을 절감할 수 있다.

③ 컨테이너를 창고용도로 사용할 수 있으므로 보관료 및 물류비용을 절감할 수 있다.

④ 용기에 화물이 보호된 상태로서 내장된 화물이 파손, 오손, 도난의 염려가 적어 안전성이 높다.

30 컨테이너의 장점에 대한 설명으로 적절하지 않은 것은?

① 컨테이너는 복합일관수송이 가능하다.

② 모든 컨테이너 화물은 CFS를 이용해야 한다.

③ 컨테이너는 Door to Door방식의 수송이 가능하다.

④ 컨테이너에 화물을 적입, 봉인 즉시 선하증권을 발급받을 수 있다.

31 컨테이너 구조에 있어 하중을 지탱하는 강력한 재가 아닌 것은?

① Sling
② Floor
③ Side Wall
④ Corner Post

32 'Perishable Goods'를 운송하기에 가장 적합한 컨테이너는?

① Vehicle Container
② Reefer Container
③ Insulated Container
④ Live Stock Container

33 다음 중에 차량화물 운송에 적당한 컨테이너는?

① Dry Container
② Live Stock Container
③ Insulated Container
④ Vehicle Rack Container

34 'Dry Container'는 주로 어떤 화물운송에 사용되는가?

① 일반화물
② 통풍화물
③ 냉동화물
④ 가축, 생동식물

35 '양곡'을 수출할 때 가장 적합한 컨테이너 운송은?

① Tank Container
② Air Mode Container
③ Ventilated Container
④ Solid Bulk Container

36 기계, 중량 화물을 운송하는 데 가장 적합한 컨테이너는?

① Platform Container
② Air Mode Container
③ Open Top Container
④ Vehicle Rack Container

37 'Open Top Container'에 적합한 화물은?

① 부피가 큰 중량 화물
② 공산품 등 일반 화물
③ 야채, 채소 등 통풍이 필요한 화물
④ 가축, 생(生)동식물 등 살아있는 화물

38 아래 그림의 컨테이너를 이용하기에 적합한 화물은?

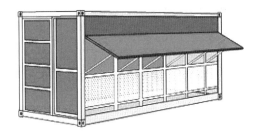

① 호랑이   ② 자동차
③ 시멘트   ④ 과일류

39 'Flat Rack Container'에 적재하여 수송하기에 가장 적합하지 않은 화물은?

① 하중이 크게 걸리는 중량물
② 기계류나 보트 등과 같이 부피가 큰 화물
③ 컨테이너에 화물을 견고하게 고정할 필요가 있는 화물
④ 비교적 햇볕과 비 그리고 바람에 영향을 많이 받는 화물

40 천정과 측벽이 개방되어 있는 컨테이너는?

① Tiltainer
② Hide Container
③ Reefer Container
④ Ventilated Container

41 다음 그림의 컨테이너는 어떤 화물의 운송에 가장 적당한가?

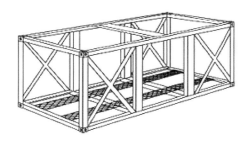

① Oil　　　　　　　　　② Car
③ Horse　　　　　　　　④ Cement

42 본선이 입항하기 전에 수석검수사가 선박회사로부터 입수하는 서류가 아닌 것은?

① Manifest
② Stowage Plan
③ Container List
④ Cargo Daily Operation Report

43 컨테이너 검수표상에 기재해야 할 사항으로 옳지 않은 것은?

① 본선명
② 항해 번호
③ 사용 크레인
④ 갠트리 크레인 작업기사 성명

44 본선이 입항 전에 수석검수사가 컨테이너 적하목록에 의해서 기본적으로 작성해야 하는 것은?

① Manifest　　　　　　② Tally Sheet
③ Pre-stowage Plan　　④ Container List

45 다음 설명에 해당하는 것은?

> 수출품이 적재된 컨테이너를 선적하기 위하여 하역순서대로 정렬해 두거나, 컨테이너선에서 양하하는 컨테이너를 위해 필요한 넓은 공간으로 보통 Apron과 인접해 있는 장소이다.

① Berth
② ODCY
③ Container Yard
④ Marshalling Yard

46 'Berth'를 바르게 설명한 것은?

① 컨테이너 터미널의 행정적인 사무를 처리하는 장소이다.
② 선석이라고 하며 항내에서 선박을 계선시킬 수 있는 접안장소이다.
③ LCL화물을 FCL화물로, FCL화물을 LCL화물로 만드는 작업장소이다.
④ 컨테이너를 인수·인도하는 장소로 화주, 수화인, 운송인과의 관리책임이 변경되는 곳이다.

47 'CFS'를 바르게 설명한 것은?

① 컨테이너 터미널의 행정적인 사무를 처리하는 장소이다.
② 선석이라고 하며 항내에서 선박을 계선시킬 수 있는 접안장소이다.
③ LCL화물을 FCL화물로, FCL화물을 LCL화물로 만드는 작업장소이다.
④ 컨테이너를 인수·인도하는 장소로 화주, 수화인, 운송인과의 관리책임이 변경되는 곳이다.

48 화물의 적재 작업시 검수사가 컨테이너 손상상태를 확인하여 이를 기재하는 서류는?

① Stowage Plan
② Shipping Order
③ Loading Container List
④ Sequence Tally Sheet

49 검수에 대한 설명으로 옳지 않은 것은?

① 검수사는 하역작업이 시작되기 전까지 담당 해치에 위치한다.
② 수출 화물의 경우 양하지별 적재계획을 알고 혼적이 되지 않도록 주의한다.
③ 수입 화물의 경우 적재계획 혹은 적하목록 등을 사전에 확인하고 검수한다.
④ 하역능률 향상을 위해 가능한 한 매 슬링에 많은 화물을 양하한 후 창고에서 상세 검수를 한다.

50 위험화물의 검수시 검수사가 취해야 하는 작업행위로 옳지 않은 것은?

① 화물의 특성이 무엇인지를 정확히 파악한다.
② 위험화물 분류등급에 따라 적절히 안전조치를 취한다.
③ 화물의 표찰에 표시되어 있는 IMO번호를 반드시 확인한다.
④ 화물명세서와 적재된 화물이 일치하는지 컨테이너를 개방하여 확인한다.

51 화물을 선적하는 중에 발생한 손상화물의 상태를 한 곳에 모아서 정리한 서류는?

① Tally Sheet
② Survey Report
③ Exception Report
④ Daily Operation Report

52 컨테이너의 적재위치 번호가 '080320'이라면 다음 어느 것에 해당하는가?

① Bay No 08, Slot No 03, Tier No 20.
② Tier No 08, Bay No 03, Slot No 20.
③ Slot No 08, Bay No 03, Tier No 20.
④ Slot No 08, Tier No 03, Bay No 20.

53 Bay Plan에서 컨테이너의 적재위치를 표시하는 방법으로 해당 란에 약기호로기재하지 않는 것은?

① 컨테이너 상태
② 컨테이너 번호
③ 적재된 화물의 무게
④ 적하지, 양하지, 항명

54 컨테이너 본선하역에 관한 주의사항으로 옳지 않은 것은?

① 컨테이너를 끌면 안 된다.
② 컨테이너 크레인의 안전 양하 능력을 확인해야 한다.
③ 컨테이너의 천정에 여러 사람이 올라가면 안 된다.
④ 컨테이너의 천정부분은 미끄러우므로 징이 박힌 구두를 신고 올라가야 한다.

55 수출신고서를 뜻하는 용어는?

① Manifest
② B/L(Bill of Lading)
③ I/D(Import Declaration)
④ E/D(Export Declaration)

56 선박의 흘수(Draft Line)에 대한 설명으로 옳지 않은 것은?

① 선박을 건조할 때에 정해진다.
② 선박의 중량, 적재화물의 중량, 발라스트, 연료 등의 중량에 따라 변화된다.
③ 선박이 화물을 만재했을 때 선박의 중앙부와 수면이 닿는 위치에서 배의 가장 밑부분까지의 수직거리를 뜻한다.
④ 만재흘수선은 항해의 안전상 화물적재의 최대한계를 표시하는 것으로 계절과 수역에 영향을 받지 않아 늘 일정하다.

57 건현표(Free Board Mark)에 대한 설명으로 옳지 않은 것은?

① 선박의 쾌속운항을 위해 표시한다.

② 건현표는 정부기관 또는 선급협회에서 부여한다.

③ 선박의 예비부력(Reserve of Buoyance)을 유지하기 위한 표시이다.

④ 배 길이의 중앙에서 상갑판의 윗면으로부터 만재흘수선까지의 수직거리이다.

58 '열대해역 만재흘수선'의 영문 표기는?

① Winter Draft Line

② Summer Draft Line

③ Tropical Full Draft Line

④ Winter North Atlantic Full Draft Line

59 '담수역 허용치'의 영문 표기는?

① Summer Draft Line

② Fresh Water Allowance

③ Tropical Full Draft Line

④ Fresh Water Full Draft Line

60 'Fresh Water Full Draft Line'의 한글 표기는?

① 만재흘수선

② 담수역 허용치

③ 하기 만재흘수선

④ 담수 만재흘수선

61 만재흘수선(Full Load Line)의 표시 위치에 대한 설명으로 옳지 않은 것은?

① 선박의 재질에 따라 다르다.
② 목재 및 철재 해치커버에 따라 다르다.
③ 유조선, 일반화물선 등 선박의 특성에 따라 다르다.
④ 선박의 길이, 폭, 깊이 등 치수의 비율에 따라 다르다.

62 재화중량톤은?

① N/T(Net Tonnage)
② G/T(Gross Tonnage)
③ D/T(Displacement Tonnage)
④ DWT(Dead Weight Tonnage)

63 선박에 화물을 최대로 적재할 수 있는 총 중량을 나타내는 단위는?

① 순톤수(Net Tonnage)
② 총톤수(Gross Tonnage)
③ 배수톤수(Displacement Tonnage)
④ 재화중량톤수(Dead Weight Tonnage)

64 다음이 설명하는 것은?

> 선박의 총 용적을 나타내는 단위로 선복 통계, 입항료, 검사 수수료, 항해 보조금, 선박 등록세 등의 기준이 된다.

① 순톤수(Net Tonnage)
② 총톤수(Gross Tonnage)
③ 배수톤수(Displacement Tonnage)
④ 재화중량톤수(Dead Weight Tonnage)

65 다음이 설명하는 것은?

> 화물 적재에 사용되는 선내 용적 톤수를 말하며, 선박의 총톤수에서 선원실, 기관실, 해도실, 선용품창고 등 선박의 운항 안전 위생 및 이용상에 필요한 장소의 용적을 제외한 것으로 입항세, 잔교세, 도선세, 등대세 등의 기본이 된다.

① 순톤수(Net Tonnage)
② 총톤수(Gross Tonnage)
③ 배수톤수(Displacement Tonnage)
④ 재화중량톤수(Dead Weight Tonnage)

66 다음이 설명하는 것은?

> 선박에 화물을 최대로 적재할 수 있는 총 중량톤으로 선박의 안전항해가 가능한 상태의 운반능력을 말하며, 용선계약, 선박매매 등의 상거래의 기준이 된다. 이는 선박에 화물을 만재했을 때 배출되는 물의 중량 톤수에서 화물을 전혀 적재하지 않았을 때 배출되는 물의 중량 톤수를 뺀 것이다.

① 순톤수(Net Tonnage)
② 총톤수(Gross Tonnage)
③ 배수톤수(Displacement Tonnage)
④ 재화중량톤수(Dead Weight Tonnage)

67 다음이 설명하는 것은?

> 선박에 화물을 만재했을 때 배출되는 물의 중량톤수에서 화물을 전혀 적재하지 않을 때 배출되는 물의 중량톤수를 감한 것으로 용선계약, 선박매매 거래 등 상거래의 기준이 된다.

① Net Tonnage　　　　　　② Gross Tonnage
③ Dead Weight Tonnage　　④ Displacement Tonnage

68 다음이 설명하는 것은?

> 선체중량에 의해 배출되는 물의 중량을 계산하여 1,000kg을 1톤으로 산정한 톤수이며,
> 배의 중량톤은 선체가 물에 잠긴 부분과 동일한 부피의 물의 중량을 말한다.

① Net Tonnage
② Gross Tonnage
③ Dead Weight Tonnage
④ Displacement Tonnage

69 'Deadweight'란?

① Light Condition 상태에서 선박의 무게
② 선박의 총 내부 용적에서 특정 장소를 제외한 것
③ 물, 연료, 창고품 등을 포함하여 선박이 적재할 수 있는 화물의 무게
④ Light Condition 상태에서 kg/t으로 측정했을 때 선박의 배수량

참고

Light Condition : 배에 아무것도 싣지 않은 상태(선체의 무게)

70 컨테이너 적요에 사용되는 용어가 옳지 않은 것은?

① Bent - 굽은 것
② Adrift - 부풀어 오른 것
③ Caved in - 움푹 들어간 것
④ Chafed - 마찰로 인하여 깎인 것

71 컨테이너 적요에 사용되는 용어가 옳지 않은 것은?

① Heavily - 가볍게
② Dented - 우그러진 것
③ Cracked - 금이 간 것
④ Bulged - 부풀어 오른 것

72 컨테이너 적요에 사용되는 용어가 옳지 않은 것은?

① Rusty – 녹슨 것
② Resealed – 재봉인
③ Scratched – 긁힌 것
④ Seal – 봉인이 없는 것

73 컨테이너에 대한 적요 'Left side corner post bent'의 뜻은?

① 왼쪽 모서리 기둥이 굽었음
② 왼쪽 모서리 받침대가 굽었음
③ 왼쪽 모서리 기둥이 떨어져 나갔음
④ 왼쪽 모서리 잠금대가 파손되었음

74 다음의 적요를 영문으로 바르게 표현한 것은?

> 우측 판넬 1부분이 심하게 우그러졌음

① Right side panel 1 place heavily holed.
② Right side panel 1 place heavily broken.
③ Right side panel 1 place heavily dented.
④ Right side panel 1 place heavily indentation.

75 '우측 문 경첩이 파손되었음'을 바르게 표기한 적요는?

① Right door bruise.
② Right door handle cut.
③ Right door hinge broken.
④ Right door fitting cracked.

76 '좌측 판넬이 부분적으로 심하게 우그러졌음'을 바르게 표기한 적요는?

① Left side panel whole slightly dented.

② Left side panel partly slightly dented.

③ Left side panel partly heavily dented.

④ Left side panel partly moderately dented.

77 컨테이너 적요가 잘못 짝지어진 것은?

① Right door closed …… 우측 문이 닫혔음

② Left door broken …… 좌측 문이 파손되었음

③ Bottom side panel stained by mud …… 아래쪽 판넬이 진흙으로 덮혔음

④ Left side panel torn & broken by forklift …… 좌측 판넬이 지게차에 의해 찢기고 파손되었음

78 다음 적요에 해당하지 않는 것은?

> Left door no seal, resealed on board(reseal / #2255).

① 왼쪽 문의 봉인이 없다.   ② 본선 위에서 재봉인하였다.

③ 재봉인 번호는 #2255이다.   ④ 컨테이너의 왼쪽 문이 열렸다.

79 다음 적요에 대한 설명으로 가장 옳은 것은?

> Left door seal off, resealed on board(reseal#2030).

① 왼쪽 문의 봉인을 본선상에서 #2030번으로 재봉인하였다.

② 왼쪽 문의 봉인이 찢어져서 본선상에서 #2030으로 바꾸었다.

③ 왼쪽 문의 봉인이 없어 본선상에서 #2030으로 재봉인하였다.

④ 왼쪽 문의 봉인이 파손되어 본선상에서 #2030으로 재봉인하였다.

80 LCL화물에 대하여 혼재작업을 하는 장소는?

① CFS ② PIER
③ OCP ④ ODCY

81 컨테이너 1개에 채울 수 없는 소량화물은?

① LCL Cargo
② FCL Cargo
③ United Cargo
④ General Cargo

82 'CFS'에 대한 설명으로 옳지 않은 것은?

① FCL화물의 집합소이다.
② LCL화물을 혼재하는 장소이다.
③ Container Freight Station의 약자이다.
④ 선적화물을 화주로부터 인수하거나 양하화물을 화주에게 인도하기 위해 보관하는 지정된 장소이다.

83 다음 적요에 대한 설명으로 가장 옳은 것은?

Right side panel stained by oil all over.

① 우측 판넬이 기름에 의해 전체가 잠겼음
② 우측 판넬이 기름에 의해 전체가 물들었음
③ 우측 판넬이 기름에 의해 전체가 더러워졌음
④ 우측 판넬이 기름에 의해 전체가 미끄럽게 되었음

84 화물손상보고서(Out Turn Report)에서 화물의 과·부족이 있는 경우 선하증권별로 과·부족을 명시하는 서류는?

① Cargo Receipt
② Cargo Boat Note
③ Cargo Exception Report
④ Cargo Over Landed / Short Landed Report

85 다음과 같은 컨테이너 운송형태는?

> 단일 송화주가 단일 수화주에게 수송한다.

① CY ······ CY
② CY ······ CFS
③ CFS ······ CY
④ CFS ······ CFS

86 다음과 같은 컨테이너 운송형태는?

> 선박회사의 지정 CFS에서 다수의 송화인의 화물을 혼재(Consolidation)하여 목적지의 단일 수화인의 창고, 즉 문전까지 운송한다.

① CY ······ CY
② CY ······ CFS
③ CFS ······ CY
④ CFS ······ CFS

87 다음과 같은 컨테이너 운송형태는?

> 선적항에서 컨테이너 1대에 미달하는 다수의 송화인의 소량화물(LCL)을 혼재하여 목적항의 CFS에서 화물을 해체하여 분류한 후 다수의 수화인에게 인도한다.

① CY ······ CY
② CY ······ CFS
③ CFS ······ CY
④ CFS ······ CFS

88 수출화물의 경우 화물을 화주의 문전에서 인수할 경우에 대한 설명으로 옳지 않은 것은?

① 부두수취증에 기록된 용적과 중량을 수하목록과 대조하여 확인한다.
② 수출신고서와 부두수취증이 없을 경우에는 선박회사에 보고 후 지시를 받는다.
③ 다른 화물에 손상을 줄 가능성이 있는 화물은 CFS 측 담당자나 선박회사에 연락하여 지시를 받는다.
④ 수출신고서가 없을 경우에는 수석검수사, 일등항해사, 세관이 입회하여 화물을 개봉하여 수량을 확인한다.

89 수출화물의 경우 창고에서 화물을 인수할 경우에 대한 설명으로 옳지 않은 것은?

① 보관화물에 장치장(lot)별로 표찰을 부착한다.
② 행선지별, 장치장(lot)별로 팔레트에 일정한 수의 화물을 쌓는다.
③ 수출신고서가 없는 화물은 검수사와 창고장의 확인 후에 화물을 적입한다.
④ 화물 보관상태를 파악하기 위해 창고 적재 위치계획(Location Plan)을 작성한다.

90 CFS에서 LCL화물을 FCL화물로 만들기 위해 컨테이너에 화물을 적입(Stuffing)할 때 주의사항으로 옳지 않은 것은?

① 화물의 특성에 적합한 컨테이너를 사용한다.
② 한 컨테이너에는 동일 목적항(동일 지역) 화물만을 적입한다.
③ 화물의 개수 과부족이 생길 경우에는 즉시 수석검수사에게 보고한 후 적입한다.
④ 화물을 혼재할 때 중량화물과 포장이 견고한 화물은 아래 부분에, 포장이 약한 것과 가벼운 화물은 위쪽 부분에 적재하여 화물의 손상을 예방한다.

91 CFS에서 컨테이너 화물을 적출(Unstuffing)하기 위해서 필요한 서류는?

① 컨테이너 적하목록(Manifest)

② 컨테이너 화물검수표(Cargo Tally Sheet)

③ 컨테이너 화물손상보고서(Cargo Out Turn Report)

④ 컨테이너 화물과·부족보고서(Over landed & Short landed Report)

92 CFS에서 컨테이너 화물을 적출(Devanning)할 때 주의사항으로 옳지 않은 것은?

① 선박회사 또는 화주로부터 관계서류를 입수한다.

② 컨테이너 번호와 봉인번호를 정확히 확인하고, 잠금장치 상태를 확인하여 기록한다.

③ 화물개수의 과·부족이 생길 경우에는 즉시 수석검수사에게 보고하고 재검수를 실시한다.

④ 화물의 이상 유무를 적하목록, 선하증권사본 등과 대조 확인하며, 이상이 있을 경우에는 즉시 세관에 신고한다.

93 컨테이너 화물을 적출한 후 작성하는 서류가 아닌 것은?

① 적출검수표

② 화물반출보고서

③ 화물적출목록표

④ 화물이상유무보고서

94 CFS화물의 경우 화물의 손상시 취해야 할 사항이 아닌 것은?

① 소량의 손상이 있을 경우에는 검수표에 기재하고 화주에게 알려만 준다.

② 파손화물에 대하여 화주가 입회할 때에는 검수표상에 입회자들의 서명을 받는다.

③ 컨테이너 화물에 기호나 번호가 없을 경우에는 화주에게 연락하여 화주 책임하에 기재하도록 한다.

④ 수출화물의 경우 화물을 인수할 때 손상이 발견되면 송화주에게 손상상태 등을 연락하여 수리 또는 화물을 교환한다.

91 ① 92 ④ 93 ② 94 ① **정답**

95 CFS화물의 경우 화물의 도난 발생시 검수사가 취해야 할 사항이 아닌 것은?

① 화물 과·부족보고서에 도난에 대한 적요사항을 기재하고 세관에 보고한다.

② 하역작업 중 발생하는 도난에 대해서는 검수표에 하역 책임자의 확인 후 서명을 받는다.

③ 도난 또는 분실화물에 대해 화주가 입회하여 확인할 경우에는 검수표상에 입회자들의 서명을 받아야 한다.

④ 도난 또는 분실되었다고 생각되는 화물에 대해서는 송화주 또는 수화주에게 연락하여 내품을 검사하고 중량을 계량하는 경우도 있다.

96 CFS Terminal 서류이다. 이 중 잘못 연결된 것은?

① No.1 – Tally Sheet

② No.2 – Cargo Outturn Report

③ No.3 – Receiving Order

④ No.4 – Warehouse Inventory List

97 다음이 설명하는 CFS 관련서류는?

> 선사의 대리인으로서 CFS나 CY 운영자가 화물을 적재선명별로 인도할 때 화물의 파손 등의 상태를 표기한 것이다.

① Receiving Order(인도요청서)

② Cargo Outturn Report(화물손상보고서)

③ Container Load Plan(컨테이너 적재계획)

④ Warehouse Inventory List(창고재고목록표)

98 '우측 문의 모서리가 파손되었음'을 나타내는 적요는?

① Right door seal broken.

② Right door edge broken.

③ Right door hinge broken.

④ Right door gasket no broken.

99 다음 적요의 내용이 맞는 것은?

> 컨테이너 봉인번호가 없으며, 그 내용물은 알 수 없다.

① Container seal obscurity, contents ok.

② Container seal off, contents unknown.

③ Container seal broken, contents sound.

④ Container seal invisible, contents unknown.

100 다음 컨테이너 관련 적요 중 그 의미가 다른 것은?

① Cargo loading in container, cargo broken by forklift.

② Cargo vanning in container, cargo broken by forklift.

③ Cargo stuffing in container, cargo broken by forklift.

④ Cargo devanning in container, cargo broken by forklift.

101 다음 적요사항을 올바르게 표현한 것은?

> 컨테이너 우측 문짝이 부서지고, 내용물은 일부 도난당했다.

① Container right door broken contents partly stolen.

② Container right door broken contents heavily stolen.

③ Container right door seal broken, contents partly stolen.

④ Container both sides door broken contents partly stolen.

102 다음 적요사항을 올바르게 표현한 것은?

> 컨테이너 아래쪽 판넬이 찢어지고, 화물 8개가 부족하였다.

① Container rear panel torn, contents 8 shortage.

② Container roof panel torn, contents 8 shortage.

③ Container bottom panel torn, contents 8 shortage.

④ Container side wall panel torn, contents 8 shortage.

103 다음 적요사항을 올바르게 표현한 것은?

> 컨테이너 천정 판넬 부위 못이 빠지고 빗물에 의해 화물의 일부가 젖었음

① Container roof panel nail off and cargo wetted partly by rain water.

② Container rear wall panel torn cargo wetted partly due to rain water.

③ Container bottom panel dented and cargo wetted partly by rain water.

④ Container wall panel nail off and cargo wetted partly due to rain water.

104 다음 적요사항을 올바르게 표현한 것은?

> 선적된 화물의 개수가 수출신고서에 기록된 개수보다 부족함

① Cargo many loaded than in E/D.
② Cargo over shipped than in E/D.
③ Cargo short shipped than in E/D.
④ Cargo too much loaded than in E/D.

105 다음 적요내용의 해석이 옳지 않은 것은?

① Container cargo broken by gantry crane. …… 컨테이너 화물이 갠트리 크레인
에 의해 파손됐다.
② Container cargo wetted wholly by seawater. …… 컨테이너 화물이 해수로
인해 완전히 젖었다.
③ Container wall panel torn partly, contents stolen. …… 컨테이너 벽면이
부분적으로 찢어져서 내용물이 부족하다.
④ Container get holed by forklift, contents exposed wholly. …… 컨테이너가
지게차에 의해 구멍이 나서 화물이 완전히 노출되었다.

제 2 과목

영 어

검수사 [한권으로 끝내기]

www.sdedu.co.kr

제 1 장 검수 실무영어

01 컨테이너화물 검수(Container Cargo Check)

Ch : We will check container cargos.

C1 : How many tons are we going to check?

Ch : Three hundred TEU of container. Especially, I suppose we need to work at night, because the ship will leave soon.

C2 : Tell us how to work.

Ch : First, we should receive the list of loading container, general stowage plan and bay plan from the shipping company.

Then, We have to check the destination of the container moved from marshalling yard. Second, the checker records the confirmed container on the sequence tally sheet.

Especially, checker on deck should confirm whether or not the container is loaded at fixed bay by stowage plan.

If the container is not loaded at the fixed bay, he should stop the work rightly away and inform the foreman or the chief officer.

C3 : Are there any more details to check?

Ch : We should record the container number, seal number, size, bay number, tractor number on the sequence tally sheet.

C4 : The checker should accurately record a confirmed condition of the container in detail on the container sequence tally sheet for loading.

Ch : That's right. The checker also have to check cargos with his justice, rapidity, and accuracy in three party's viewpoint.

C5 : Tell us on the check for discharging.

Ch : We should count the container to be discharged and record accurately the container number, seal number, size, bay number, tractor number, and container damage.

C6 : Where is it supposed to be recorded?

Ch : We should also record it on the container sequence tally sheet. Yeah, you should put on a safety hat and you work safely.

해석

Ch : 우리는 컨테이너화물을 검수하려 합니다.

C1 : 검수할 물량이 얼마죠?

Ch : 컨테이너 300TEU입니다. 특히, 출항시간이 급해서 야간작업도 예상됩니다.

C2 : 작업지시를 내려 주세요.

Ch : 먼저 선박회사로부터 컨테이너 적재목록과 일반적하계획서, 그리고 베이플랜을 수령해야 합니다.
그리고 마샬링 야드에서 이동된 컨테이너의 목적지를 확인해야 합니다. 검수원은 확인된 컨테이너를 컨테이너 검수표에 기록합니다.
갑판상 검수원은 해당 컨테이너가 적재계획상에 지정된 위치에 적재되는지를 확인해야 합니다.
만약 해당 컨테이너가 지정된 장소에 적재되지 않았다면 즉시 작업을 중단시키고 하역감독자나 일등항해사에게 알려야 합니다.

C3 : 검수시 다른 사항은 없습니까?

Ch : 컨테이너 검수표상에 컨테이너 번호, 봉인번호, 규격, 베이번호, 트렉터 번호를 확인 기록해야 합니다.

C4 : 검수원은 적재작업시 컨테이너의 상태를 확인하여 컨테이너 검수표에 정확하게 기재해야 합니다.

Ch : 맞습니다. 검수원은 또한 제3자적 입장에서 공정, 신속, 정확하게 화물을 검수해야 합니다.

C5 : 양하작업시는 어떻게 검수합니까?

Ch : 양하되어야 할 컨테이너 개수를 확인하고 컨테이너 번호, 봉인번호, 규격, 베이번호, 트렉터 번호, 컨테이너 손상 정도를 정확하게 기록해야 합니다.

C6 : 어디에 기록합니까?

Ch : 역시 컨테이너 검수표에 기록합니다. 안전모는 꼭 착용해주시고 안전하게 작업에 임해주시기 바랍니다.

Ch : Before stuffing in and carrying out the general cargos from container at CFS we will check the cargos.

C1 : Tell us on the treaties that we should mind in this work.

Ch : Yeah, please put on a safety hat and a safety vest and work according to the safety rules.

C2 : What are the safety rules?

Ch : First, mind the crash into the forklift when you are in the narrow place. Second, watch out for the crash into the cargos to be dropped when you open the container door.

Therefore, you should open only one side of the door at a time.

C3 : Is there anything else for checking cargos?

Ch : First, you should confirm the container number and see if the cargo is CL cargo or LCL cargo. Then, check a damaged part in an interior and exterior of the container thoroughly.

C4 : Tell us how to check the number of the cargos.

Ch : Especially, the checker should accurately confirm the number of the cargos. If the checker does not accurately fulfill it, a trouble will be caused between a sender and a receiver.

C5 : If there is a shortage and an overage in the number of cargos, what shall I do?

Ch : You have to report to chief checker and recheck it. Then, you should record it on overland and shortland report precisely. The number of the cargos on D/R should always match with the number of the cargos on E/D. And, you should also check the existence abnormal of cargos.

C6 : When I find damaged cargos? What shall I do?

Ch : First, check the condition and confirm the number of the damaged cargos. Then, you should seize the cause, time, and whom and(or) what. Finally, you should record the matters on the tally sheet in great details and inform to shipping company, the consignor, and terminal in according to the causes.

C7 : If there are no abnormal cargos. What is the next?

Ch : After cargos ware vanned in container, you should check the seal of the container. Otherwise, you should confirm a seal at last, before open a door of container first of all.

All : Ok.

해 석

Ch : CFS에서 일반화물을 컨테이너에 적입, 적출하기 전, 화물검수를 할 것입니다.

C1 : 이 작업에서 조치사항을 말해주세요.

Ch : 예! 안전모와 안전조끼를 착용해주시고, 안전수칙에 따라 작업해주시기 바랍니다.

C2 : 안전수칙은 무엇인가요?

Ch : 첫째, 여러분들은 좁은 장소 내에서 지게차와의 충돌을 조심해야 합니다. 둘째로, 컨테이너 문을 개방할 때 떨어지는 화물과의 충돌을 조심해야 합니다. 그러므로 문은 한 쪽씩 열어야 합니다.

C3 : 검수시 다른 사항은 있습니까?

Ch : 먼저, 해당 컨테이너의 번호와 CL화물인지 LCL화물인지를 확인해야 합니다. 그런 다음, 해당 컨테이너의 내·외부에서 손상된 부분을 철저하게 점검해야 합니다.

C4 : 화물의 개수확인에 대해서 말씀해주세요.

Ch : 특히 검수원은 화물개수를 정확하게 검수해야 합니다. 만약 검수원이 정확하게 하지 못한다면, 송·수하인간에 분쟁이 발생할 수 있습니다.

C5 : 만약 화물의 개수에 과·부족이 생기면 어떻게 해야 합니까?

Ch : 수석검수원에게 보고하고 재검수해야 합니다. 그런 다음 화물 과·부족보고서에 사실적으로 기록해야 합니다. 항상 부두수취증과 수출신고서상의 화물 개수는 항상 일치해야 합니다. 항상 화물의 이상 유무를 확인해야 합니다.

C6 : 만약 그 화물들에서 이상을 발견한다면 어떻게 해야 합니까?

Ch : 먼저, 손상된 화물의 상태를 점검하고 그 개수를 확인해야 합니다. 그런 다음 언제, 왜, 누구에 의해, 무엇에 의해서 발생되었는지 그 원인을 확인해야 합니다.
마지막으로 그 사항들을 검수표에 상세하게 기록해야 하며, 그 원인에 따라서 하주, 선박회사, 터미널 측에도 연락을 해야 합니다.

C7 : 만약 화물에 어떠한 이상도 없다면, 그 다음 작업절차는 어떻게 됩니까?

Ch : 화물들이 컨테이너에 반입된 후에 최종적으로 컨테이너의 봉인을 확인해야 합니다. 반대의 경우, 최우선적으로 컨테이너 문을 개방하기 전에 봉인을 반드시 확인해야 합니다.

All : 알겠습니다.

Ch : These Cargos are dangerous goods. Handle them with care and safety.

C1 : What kind of dangerous cargos are these?

Ch : They are inflammable liquid: the third class in IMDG code. We should check 50 tons. Especially, they can explode together.

C2 : How do we check them?

Ch : Because these cargos are dangerous goods, we will check them by checkbook tally. You should take heed every label and indication on dangerous goods. And, you ought to insert IMO number on the tally sheet.

C3 : If so, aren't there any other details on these goods to check?

Ch : As these goods are liquid goods, you should check the condition of the drums and the leakage of contents.

C4 : If one of drums is leaking and about 70% of the content is lost, how should I record it on the tally sheet?

Ch : You can write it as "1D/R leaking, about 70% of contents lost." If you find any trouble while checking, you should inform to the chief officer and the consignor or the terminal of the problem. And then, you should take a step on the matters in their presence.

C5 : What should we do for safety while checking?

Ch : Especially, you should take your own safety equipments to protect your body from the contents. Don't use any fires and hand hooks. Never forget that you may smoke at designated places during the break and lunch time.

All : Ok.

해석

Ch : 이 화물들은 위험물들입니다. 모두 안전하게 다뤄주세요.

C1 : 어떤 종류의 위험물입니까?

Ch : IMDG 코드상 3등급인 인화성 액체류입니다. 50톤을 검수해야 합니다. 특히, 연쇄폭발할 수도 있습니다.

C2 : 검수방법은 무엇입니까?

Ch : 이들 화물들은 위험물들이므로 체크북 검수로 할 것입니다. 검수시 위험물들의 모든 표식과 표찰에 주의를 기울여야 합니다. 반드시 IMO 번호를 검수표에 기재해야 합니다.

C3 : 그렇다면 이 화물에 대한 다른 검수사항은 없습니까?

Ch : 이 화물은 액체물이기 때문에 드럼의 상태와 내용물의 상태를 확인해 주세요.

C4 : 만약 한 드럼이 새고 있고 내용물은 약 70% 소실되었다면, 검수표상에 어떻게 기입해야 합니까?

Ch : "한 드럼이 누출되고 내용물의 약 70%가 소실되었음"처럼 기입하면 됩니다. 만약 여러분이 검수 중에 문제를 발견하게 된다면 일등항해사 및 화주 혹은 터미널 측에 알려야 합니다. 그런 다음 그들의 입회하에 그 문제에 대한 조치를 취해야 합니다.

C5 : 검수시 안전을 위해 지켜야 하는 것은요?

Ch : 특히, 내용물로부터 신체를 보호하기 위해서 개인 안전 장구를 꼭 챙겨 주십시오. 화기와 후크를 사용하지 마세요. 흡연은 점심시간이나 휴식시간에 지정된 장소에서만 허용됩니다.

All : 잘 알겠습니다.

04 강재화물 검수(Iron Plate Check)

Ch : We are checking the iron plates in the hold. Let's discuss the check treaties.

C1 : How do we check them?

Ch : Since iron plates are recorded on shipping mark, we will check it by checkbook tally.

C2 : Anything else?

Ch : Most of general remarks are not recorded and only treated by actual remark or exceptional remark.

C3 : What should we comply with while checking?

Ch : Especially, it's crucial to keep track of the condition and count of the cargos when checking the iron plates. So, you should check the condition and count of cargos accurately. Then, record it on the tally sheet in English.

C4 : How can I write that on tally sheet?

Ch : For example, write like this "1 sheet white rust" and also "1 steel plate shortage." It's important that you have knowledge on every terms about checking the iron plates.

C5 : Are there any safety rules?

Ch : Individually, keep in your mind that you should wear your safety hat and safety vest. I hope that you will work safely.

해 석

Ch : 홀드에서 철판 검수작업을 할 것입니다. 검수작업 절차에 대해 이야기해 봅시다.

C1 : 검수방법은 무엇입니까?

Ch : 강재는 선적적요에 기록되기 때문에 체크북 검수방법으로 할 것입니다.

C2 : 다른 사항이 또 있습니까?

Ch : 일반적요는 대부분 기입되지 않고 실제적요와 현재적요에 의해서만 처리됩니다.

C3 : 검수시 지켜야 할 사항은 무엇입니까?

Ch : 특히, 철판 검수시 화물의 상태와 개수 파악이 매우 중요합니다. 그래서 화물의 상태와 개수 파악을 정확하게 해야 합니다. 그런 다음, 영문으로 검수표에 기록합니다.

C4 : 그것을 어떻게 검수표에 기재해야 합니까?

Ch : 예를 들면 "철판 1장이 흰색으로 녹슬었음", "철판 1개가 부족함" 등으로 기재합니다. 여러분들이 강재 검수에 대한 각종 용어들에 대한 지식을 갖추는 것이 중요합니다.

C5 : 안전수칙은 무엇입니까?

Ch : 개인적으로 안전모와 안전조끼 등을 필히 착용해야 합니다. 그러면 안전하게 작업하기를 바라겠습니다.

★★★ 용어해설

• Semi finished steel : 반제품
• Bloom : 두께가 150mm 이상
• Billet : 두께가 150mm 이하
• Flat bar : 평강
• Round bar : 원강
• Half round bar : 반원강

Ch1 : We are going to check general cargos. As the general cargos are various, you should be acquainted with the traits of each of the cargos. Especially, food products should be checked if rotten, cold, or moist. Cold cargos should not just be checked on the quantity, but also their conditions, such as crushed heads, severed tails, soft, and spoiled. For example, if 7 bags are slightly moist, can be written as "7 Slightly Moist Bags."

C1 : How do we check each of the cargos?

Ch2 : In case of checking bag cargos, It is convenient to check them by the sling tally as the cargos are discharged with a cargo net. Particularly, write the amount of the cargos in each cargo net on the tally sheet correctly. When you check the condition of the damaged cargos, write a letter, a symbol, or a number on the remarks column. And then, after the check is finished, record the total amount of the cargos on the tally sheet.

C2 : How about the other cargos?

Ch3 : In case of general cargos, we would normally check them by the mark tally and the number tally, but the sling tally is used simultaneously.

C3 : What do we have to know when checking the cargos?

Ch4 : First, it is about writing the tally sheet. The checker should write the amount and the abnormality of some cargos on the tally sheet rapidly, precisely, and impartially. Second, the checker should be acquainted with the cargo mark. As the unclear cargo marks can cause the cargo untoward event, the checker should accurately confirm the cargo mark on the spot. Finally, it is about the caution signs. You should essentially acquaint it.

Ch1 : 일반 잡화물 검수하려 합니다. 일반 잡화물은 다양하기 때문에 각 화물별로 그 특성을 잘 알고 있어야 합니다. 특히 식료품은 부패, 응고, 습기에 대해서 점검되어야 합니다. 냉동화물은 화물의 개수뿐만 아니라 머리 부분이 부서진, 꼬리가 절단된, 냉동이 풀린, 부패된 등과 같은 화물의 상태에 대해서 점검되어야 합니다. 예를 들면, 포대 7개가 약간 습기찼다면 "포대 7개 약간 습기참"과 같이 기입하면 됩니다.

C1 : 각 화물들을 어떻게 검수하나요?

Ch2 : 포대 화물검수의 경우에 화물네트를 이용해서 화물이 하역되기 때문에 슬링검수 방법으로 하는 것이 편리합니다. 특히 검수표에는 각 화물네트별로 화물의 개수를 정확하게 기입해야 합니다. 손상된 화물의 상태를 검수할 때는 비고란에 문자나 혹은 기호, 숫자 등으로 기입해 둡니다. 그런 다음, 검수가 끝났을 때 화물의 총계수를 계산하여 검수표상에 기재합니다.

C2 : 다른 화물에 대해선 어떻습니까?

Ch3 : 일반 잡화의 경우에 마크 검수와 넘버 검수가 원칙이지만, 동시적으로 슬링 검수방법이 병행됩니다.

C3 : 화물 검수시 우리가 반드시 알아야 할 지식은 무엇입니까?

Ch4 : 첫째, 검수표 작성에 관한 것입니다. 검수원은 화물에 대한 개수와 화물의 이상 유무 상태를 신속, 정확, 공정하게 검수하여 검수표에 기재해야 합니다. 둘째로, 검수원은 화물기호에 관해서 알아야 합니다. 화물 기호가 불분명한 것은 화물사고의 원인이 되기 때문에, 검수원은 현장에서 화물의 기호를 정확하게 확인해야 합니다. 마지막으로, 여러분들은 주의표시 기호도 필수적으로 알아두어야 합니다.

06 자동차 검수(Car Check)

Ch1 : Since the tally sheet is attached to the import/export cargos, the existence of the remark out should be confirmed first. Expecially, as cargos are valuable as well as manufactured for special purpose, it is mandatory to check the damage and the loss of the accessories.

C1 : What do we do for checking?

Ch2: The checker writes the condition and the damaged parts on the tally sheet and car damage report in detail through his check and survey in the shipping place. And the check and record on the accessories is a very important document that decides the responsibility limits when the cargos are sent and received.

C2 : What are the accessories we should check?

Ch3: They are key, radio, ashtrays, cigarette lighter, wipe blade & back, back view mirror, spare tire & wheel, tool box, and jack etc.

C3 : How do we treat the scratched cargos?

Ch4: Since cargos are valuable and paraphernalia, you should record the scratch as detailed as possible, for even a tiny one could influence the value of an article. Also, as the record is to be a document that determines the responsibility limits when compensation for the damage is claimed, it is necessary that an experienced checker confirms and records.

C4 : Anything else?

Ch5: Since so many cargos are defectively loaded and discharged within a short period of time due to the faulty discretion on the destination, the checkers should check it after confirming the stowage plan, discharging ports, style, colour, and quantity of the cargos to avoid errors.

All : Ok, we get it.

해 석

Ch1 : 수출입 차량은 검수표가 첨부되어 있기 때문에 맨 먼저 적요의 유무를 확인해야 합니다. 특히 차량은 특수용으로 제작되었을 뿐만 아니라 고가이기 때문에, 손상과 부품 도난의 검수가 반드시 필요합니다.

C1 : 검수시 해야 할 것은 무엇입니까?

Ch2 : 검수사는 선적 위치에서 확인과 관찰을 통해서 손상된 부분과 상태를 검수표와 자동차 손상보고서에 상세하게 기입합니다. 부품에 대한 확인과 기록은 차량 인수·인도시 책임의 한계를 결정짓는 매우 중요한 서류입니다.

C2 : 우리가 검수해야 할 부속품들은 무엇입니까?

Ch3 : 키, 라디오, 재떨이, 라이터, 앞·뒤 와이프, 후사경, 예비 타이어, 공구 박스, 잭 등입니다.

C3 : 긁힌 차량은 어떻게 처리하나요?

Ch4 : 차량은 고가이며 개인소유물이기 때문에 약간의 긁힘이라도 상품가치와 연관이 되므로 가능한 상세하게 기록해야 합니다. 그 기록 사항이 손해배상 청구시 책임한계를 결정하는 서류가 되기 때문에, 경험 있는 검수사가 확인하고 기록해야 합니다.

C4 : 다른 사항은 있습니까?

Ch5 : 자동차 하역작업의 경우에 짧은 시간에 많은 자동차들이 행선지에 대한 판단 잘못으로 오적·오량이 발생되므로, 검수사들은 적하계획과 양하항, 자동차의 형태, 색상, 수량을 검토한 후에 검수를 해야 합니다.

All : 잘 알았습니다.

[본선작업 관련 실용영어]

1	영 문	Please set safety net up.
	해 석	안전네트를 설치해 주세요.
2	영 문	Who is duty officer?
	해 석	당직사관은 누구입니까?
3	영 문	I want to meet your first officer.
	해 석	일등항해사를 만나고 싶습니다.
4	영 문	Who plugs reefer outlet out?
	해 석	냉동컨테이너 코드는 누가 뽑습니까?
5	영 문	Please plug reefer outlet out in sequence.
	해 석	냉동코드를 순서대로 뽑아주세요.
6	영 문	You plugged out reefer outlet in hold number 34 bay?
	해 석	Bay 34번 홀드 냉동코드를 뽑았습니까?
7	영 문	Please plug reefer outlet out safely.
	해 석	냉동코드를 안전하게 뽑아주세요.
8	영 문	Please plug reefer outlet out right now.
	해 석	냉동코드를 지금 뽑아주세요.
9	영 문	Please remove hatch cover.
	해 석	해치커버를 제거해 주세요.
10	영 문	Please remove safety guide in the aisle.
	해 석	통로 쪽 안전가이드를 제거해 주세요.
11	영 문	Consequential damage has happened, because of old damage.
	해 석	오랜 손상으로 2차적 손상이 발생했습니다.

12	영 문	Please certify this is during damage.
	해 석	이미 현재 손상 상태임을 증명해주세요.
13	영 문	It is different between the damage report and during damage point.
	해 석	현재 손상상황과 보고가 차이가 납니다.
14	영 문	Please contact me if damage occurs.
	해 석	만약 손상이 발생되면 꼭 연락을 해 주세요.
15	영 문	This is an overage vessel, damage can keep on happening. So operation may be stopped.
	해 석	선박이 노후되어 계속해서 손상이 발생될 것 같습니다. 그래서 운전이 중단될 수도 있습니다.
16	영 문	I think this is old damage.
	해 석	제가 생각하기에 이 손상은 오래된 것 같습니다.
17	영 문	Color is different between this and that part, and rust is serious.
	해 석	이곳저곳의 색상이 다르고 녹이 많이 슬어 있습니다.
18	영 문	Please certify this is old damage.
	해 석	오래된 손상임을 확인해주세요.
19	영 문	Are you looking for foreman?
	해 석	포맨(하역감독)을 찾습니까?
20	영 문	Are you looking for lashing foreman?
	해 석	라싱 포맨을 찾습니까?
21	영 문	There is smoke, please stop. Penalty will be imposed by environmental pollution.
	해 석	연기가 나고 있습니다, 멈춰주세요. 환경오염으로 벌금이 부과될 수 있습니다.
22	영 문	Bunker is leaking, please stop. Penalty will be imposed by environmental pollution.
	해 석	기름이 유출되고 있습니다, 멈춰주세요. 환경오염으로 벌금이 부과될 수 있습니다.
23	영 문	I can't separate the container gear, please take a proper action.
	해 석	컨테이너 고정 장치가 분리되지 않습니다, 조치를 취해주세요.
24	영 문	Gear is not enough. I need more gear.
	해 석	고정 장치가 부족합니다. 보충해주세요.
25	영 문	May I borrow your welding machine?
	해 석	용접기를 빌려 주세요.
26	영 문	There is no problem if I use your welding machine?
	해 석	당신의 용접기를 사용해도 아무 문제가 없겠습니까?
27	영 문	It is dangerous, so we should stop working.
	해 석	위험해서 작업을 중단해야겠습니다.
28	영 문	I want to work in the presence of your first officer.
	해 석	일등항해사 입회하에서 작업을 하고 싶습니다.
29	영 문	Get the derrick boom to forward(backward, seaside).
	해 석	본선 데릭 붐을 앞쪽으로(뒤쪽으로, 바다 쪽으로) 돌려주세요.

30	영 문	Vessel is moving so badly because of strong wind, and wave. Please pull the line.
	해 석	강풍과 파도로 본선이 많이 움직입니다. 밧줄을 당겨주세요.
31	영 문	There is a wide space between vessel and berth. Take the vessel close more to the berth.
	해 석	본선과 선석의 간격이 넓습니다. 본선을 선석 쪽으로 좀 더 접근시키세요.
32	영 문	ETD will be earlier than one hour due to good working condition.
	해 석	작업이 잘 되어 출항시간이 1시간 정도 당겨질 것 같습니다.
33	영 문	ETD will be later than one hour due to bad working condition.
	해 석	작업이 잘 안 되어 출항예정시간이 1시간 늦어질 것 같습니다.
34	영 문	I want to see the B/Bulk pictures of port of loading.
	해 석	선적항의 일반화물 작업사진을 보고 싶습니다.
35	영 문	I think this is the damage of port of Loading. I want to see the damage report.
	해 석	이 손상은 선적지 항에서 발생된 손상인 것 같습니다. 손상보고서를 보고 싶습니다.
36	영 문	This damage report will be paid by us.
	해 석	이 손상보고는 비용이 우리에게 청구될 것입니다.
37	영 문	We will repair this damage when you call at Busan port next time.
	해 석	이 손상은 다음 부산항에 입항할 때 수리해 주겠습니다.
38	영 문	What voltage do you use? 220 voltage can be used?
	해 석	몇 볼트 전기를 사용합니까? 220볼트 사용 가능합니까?
39	영 문	We will try to work again in the presence of chief officer, if we are not blamed on additional damage.
	해 석	작업 중 손상발생시 더 이상 책임을 묻지 않겠다면, 일등항해사 입회하에 다시 시도해보겠습니다.
40	영 문	You insisted like that, but it's not the damage we made, so we can't agree with you. We received damaged report from you.
	해 석	당신은 그렇게 주장하지만, 그것은 우리가 낸 손상이 아니기 때문에 나는 동의할 수 없습니다. 단지 당신에게 손상보고서만 받았을 뿐입니다.

[항만관련단어]

구 분	내 용
Apron	항만부두 안벽
Actual Gross Weight	실제중량
Astern	선 미
Article Mark	품명기호
Barge	부선(艀船)
Baggage	수화물
Bale Cargo	묶음 화물

Ballast	선박 아랫부분 선적화물
Barrel	액체화물측정단위(배럴)
Base Port	정기기항항구
Bay Number	컨테이너 적재위치(베이 넘버)
Beam	선 폭
Berth	선 석
Bow	선 수
Boatswain	갑판장
Break Bulk Cargo	혼재화물, 일반잡화
Broken Space	화물과 선체 사이(화물과 화물 사이) 공간
Cigarette Butts	담배 버리는 곳
Calling Port	기항지
Captain Command	선 장
Car Carrier	자동차 운반선
Car Container	자동차 컨테이너
Care Mark	주의표시기호
Cargo Capacity	재화(載貨)능력
Cargo Handling	화물취급
Cargo Light	하역용 작업등
Cargo Space	재화용적(載貨容積)
Cell Guide	컨테이너 적재용 강철 가이드
Certificate of Origin	원산지 증명서
CFS	컨테이너 화물 조작장
Chief Office	일등항해사
CL Cargo	컨테이너 1개를 채우기 충분한 화물
Coaming	해치 창구 덮개
Consigner	화 주
Consignor	송하주
Consolidated Cargo	혼재화물(混載貨物)
Conventional Ship	재래선
Convertible Container Ship	일반잡화, 컨테이너 겸용선박
Dead Freight	화물을 선적하지 않음
Dead Weight Tonnage	재화중량톤
Destination	도착지
Dimension	화물의 용적치수
Dunnage	화물보호재
Emergency Exit	비상구

Feed Container Ship	지선용(支線用) 컨테이너 선박
FCL Cargo	컨테이너 1개를 채우기에 충분한 화물
Fit for Drinking	음료수
Foreman	하역감독자
Full Container Ship	컨테이너 전용선
Gang	하역작업반, 인원
Gang Way	현문(舷門)
Gross Tonnage(G/T)	총톤수
Gross Weight	총중량
Hands Off	손을 대지 마시오.
Handle with Care	취급주의
Hatch	창 구
Hatch Coaming	해치코밍(해치커버가 놓이는 부분)
Heavy Lift Cargo	중량화물
Hide Container	생피용(生皮用) 컨테이너
Hold	선 창
IMDG Code	위험물 수송코드
Inland Container Deport	내륙컨테이너기지(ICD)
In Operation	운전 중, 작동 중
Insulated Container	보냉(保冷) 컨테이너
Keep Off	가까이 가지 마시오.
Keep Out	들어가지 마시오.
Knock Off	하역 중단
LASH(Light Aboard Ship)	부선에 의한 수송선박
LCL Cargo	컨테이너 1개를 채우기에 부족한 화물
Live Stock Container	생 동물용 컨테이너
Marshalling Yard	컨테이너 배열장소
Net Tonnage	순톤수
Net Weight	순중량
No Admittance Except on Business	관계자 외 출입금지
No Loitering	배회금지
No Parking	주차금지
No Smoking	금 연
No Through	통행금지
Off Dock Container Yard(ODCY)	외곽 CY 장치장(부두 밖 컨테이너 장치장)
On Dock Container Yard	부두내 CY 장치장(부두 내 컨테이너 장치장)
Out of order	고 장

Package	화물포장
Packed Cargo	포장화물
Partial Cargo	소량화물
Port of Destination	목적항
Port of Registry	선적항
Quay Crane	부두크레인(혹은 안벽크레인)
Remaining Space	화물적재공간
Return Cargo	반송화물
Rough Cargo	다른 화물에 손상을 주는 화물
Side Ladder	현문사다리
Stand By	대 기
Stevedore	하역회사
Storage Area	부두 내 화물장치장
Stuffing	컨테이너에 화물을 적입하는 작업
Tare Weight	컨테이너 자체하중
TEU(Twenty footer Equivalent Unit)	20Ft 컨테이너 단위표시
Transit Cargo	경유화물
Transtainer	컨테이너 운송용 이동식 기중기
Under Construction	공사 중
Under Repairs	수리 중
Unitized Cargo	단위화물
Unfit for Drinking	음료수로 사용 불가
Vanning	컨테이너에 화물을 적입하는 작업
Ventilated Container	통풍컨테이너(농산물 전용 컨테이너)
Winchman	양화장치 운전자
Way In	입 구
Way Out	출 구

제 1 장 적중예상문제

01 다문맥상 괄호 안에 들어갈 적당한 말은?

> I have three slings, one is a wire sling and (   ) are chain slings.

① other   ② others
③ the other   ④ the others

02 '검수할 물량이 얼마지요?'를 영문으로 표현할 때 괄호 안에 들어갈 적합한 말은?

> (   ) tons are we going to check?

① How long   ② How tall
③ How many   ④ How much

03 '작업지시를 내려주세요'라는 영어 표현이 다른 하나는?

① Tell us what to do.
② Tell us how to work.
③ Tell us what we should do.
④ Tell us how important this is.

04 다음 검수에 관한 영어 표현이 잘못된 것은?

① Iron Plate Check - 강재화물 검수
② General Cargo Check - 특수화물 검수
③ Dangerous Good Check - 위험물 검수
④ Container Cargo Check - 컨테이너화물 검수

05 다음 대화를 읽고 검수사가 검수해야 할 사항으로 언급되지 않은 것은?

> A : Are there any more details to check?
> B : We should record the container number, quantity, size, bay number, and tractor number on the sequence tally sheet.

① 컨테이너번호　　　　　　② 제품품질
③ 제품규격　　　　　　　　④ 베이번호

06 다음 영어 용어에 대한 설명이 올바른 것은?

① Foreman - 검수사
② Checker - 일등항해사
③ Chief Officer - 하역감독자
④ Chief Checker - 수석검수사

07 다음 문장 빈칸에 들어갈 말로 가장 적절한 것은?

> Checker on deck should (　　　) whether or not the container is loaded at fixed day.

① refuse　　　　　　　　② confuse
③ confirm　　　　　　　④ conform

08 '어디에 기록해야 할까요?'에 맞는 영문은?

① When is it supposed to report?
② Where is it supposed to report?
③ Where is it supposed to be reported?
④ When is it supposed to be reported?

09 다음 물음에 대한 응답으로 적당하지 않은 것은?

> Can you finish discharging by tomorrow?

① Yes, I can.
② Yes, we can't.
③ No, it is impossible.
④ I'm sorry, but it will be finished by this Saturday.

10 다음 문장의 괄호 안에 가장 적합한 단어는?

> Please (   ) a safety hat and a safety vest for your safety.

① put on   ② put off
③ take on   ④ take off

11 다음 A와 B의 대화에서 괄호 안에 들어갈 말은?

> A : (   ) is this cargo?
> B : It is 1,000 kilograms.

① How tall   ② How long
③ How many   ④ How much

12 다음 검수표에 적힌 내용의 해석으로 가장 적절한 것은?

> 1D/R leaking, about 70% of the contents lost.

① 70%가 소실되어 1백만달러 손실이 발생함

② 70%가 소실되어 1드럼의 내용물만 남아 있음

③ 1드럼의 내용물이 누출되었고 그중 70%가 남아 있음

④ 1드럼의 내용물이 누출되었고 그중 70%가 소실되었음

13 다음 A, B의 대화 중 밑줄 친 부분을 영문으로 옮길 때 가장 적절한 표현은?

> A : <u>검수방법이 무엇입니까?</u>
> B : We will check it by checkbook tally.

① How is checking?

② Where is checking performed?

③ What should you do while checking?

④ Could you show me the treaties of checking?

14 다음 A, B의 대화를 읽고 문맥상 (   )에 들어갈 적절한 단어는?

> A : What should we do for safety while checking?
> B : You should take your own safety equipments to (   ) your body from the contents. Never (   ) that you may smoke at designated place during the lunch time.

① protect – forget

② proceed – forget

③ protect – remember

④ proceed – remember

15 '1,250,000ton'을 영문으로 바르게 옮긴 것은?

① one billion two fifty thousand ton
② one million two fifty thousand ton
③ one billion two hundred fifty thousand ton
④ one million two hundred fifty thousand ton

16 '검수작업을 하는 데 시간이 얼마나 걸립니까?'를 영작한 것으로 가장 적절한 것은?

① How long does it take to check?
② How soon does it take to check?
③ How often does it take to check?
④ How many does it take to check?

17 '이 화물은 위험물들입니다'라고 할 때 올바르게 영문으로 표현한 것은?

① This cargos is a dangerous good.
② This cargos is a dangerous goods.
③ These cargos are dangerous good.
④ These cargos are dangerous goods.

18 '선박의 순중량 몇 톤입니까?'라고 할 때 괄호 안에 들어갈 알맞은 단어는?

(   ) is the net tonnage of this ship?

① How   ② What
③ Where   ④ Which

19 다음 상황에서 괄호 안에 들어갈 가장 적절한 단어들은?

> The ship has a (　　　) tonnage of about 10,000, (　　　) tonnage of about 12,000, (　　　) tonnage of about 15,000, and (　　　) tonnage of about 20,000
>
> → 그 선박(船舶)은 순톤수가 10,000, 총톤수가 12,000, 재화톤수가 15,000, 그리고 배수톤수가 20,000이다.

① net, gross, dead weight, displacement
② gross, dead weight, displacement, net
③ dead weight, displacement, net, gross
④ displacement, net, gross, dead weight

20 다음 영문의 괄호 안에 들어갈 알맞은 단어는?

> Could you show me (　　　) the tally room is?
> 검수인 방이 어디 있는지 알려주시겠습니까?

① How
② What
③ When
④ Where

21 '현재 몇 톤을 선적하였습니까?'를 영어로 옮길 때 적합한 표현은?

① How many tons have you loaded?
② How much tons have you loaded?
③ How many tons have you discharged?
④ How much tons have you discharged?

22 다음 A, B의 대화를 읽고 문맥상 (   )에 들어갈 가장 적절한 단어는?

> Please (   ) reefer outlet (   ).
> 냉동코드를 뽑아주세요.

① plug — in 　　　　　　　　② plug — out

③ remove — in 　　　　　　④ remove — out

23 'Please certify this is already damaged'를 우리말로 올바르게 옮긴 것은?

① 이 손상은 오래된 거 같습니다.

② 이미 손상상태임을 증명해주세요.

③ 손상된 것에 대해 보상해 주세요.

④ 오랜 손상으로 2차손상이 발생하였습니다.

24 수직축 주위에 회전하는 동체와 가로대로 되어 있는데 동체에는 보통 제동기가 붙어 있어 한 방향으로만 회전하게 되어 있는 닻 등 중량물을 감아올리는 장치는?

① Bitt 　　　　　　　　　② Quay

③ Fender 　　　　　　　④ Capstan

25 배를 부두에 접안하기 위하여 줄을 묶어 주는 말뚝은?

① Bitt

② Silo

③ Apron

④ Fender

26 다음 영문을 우리말로 올바르게 옮긴 것은?

> This damage report will be paid by us.

① 이 손상보고는 비용이 우리에게 청구될 것이다.
② 이 손상보고에 대한 비용을 우리가 청구할 것이다.
③ 이 손상보고에 대한 비용은 금액이 크지 않을 것이다.
④ 이 손상보고에 대한 비용은 요구 시에만 우리에게 지불될 것이다.

27 '일등항해사 입회하에 작업을 하고 싶습니다'라는 뜻을 가진 영문은?

① I would like to work in the absence of your checker.
② I would like to work in the presence of your checker.
③ I would like to work in the absence of your first officer.
④ I would like to work in the presence of your first officer.

28 '하적된 화물의 총량은 얼마입니까?'라고 할 때 괄호 안에 들어갈 알맞은 단어는?

> What is the total (   ) of discharged cargos?

① volume
② quality
③ remark
④ quantity

29 '이 손상은 다음 부산항에 입항할 때 수리해 주겠습니다'라고 할 때 다음 괄호 안에 들어갈 알맞은 단어는?

> We will (   ) this damage when you call Busan port next time.

① repair
② repay
③ refrain
④ remove

30 다음 영문이 의미하는 상황은 어떤 것인가?

> Bunker is leaking. Please stop. Penalty will be imposed by environmental pollution.

① 배가 고장나 멈춰있어 모항으로 인도될 것이다.
② 기름이 유출되어 환경오염으로 인한 벌금이 부과될 것이다.
③ 환경세 신설에 따라 모든 배들에게 환경부담금이 부과될 것이다.
④ 고장난 상태로 멈추지 않고 배가 운항되면 많은 벌금이 부과된다.

31 '몇 볼트 전기를 사용하십니까?'라고 할 때 괄호 안에 들어갈 단어는?

> (   ) do you use?

① What voltage
② How much voltage
③ How many voltages
④ What kind of electronics

32 다음 중 괄호 안에 들어갈 알맞은 단어는?

> TEU means (   ) – foot equivalent units.

① ten
② twenty
③ thirty
④ forty

33 컨테이너 화물을 검수하려 할 때 검수사가 해야 할 일이 아닌 것은?

① The checker should receive the list of loading container.
② The checker should check the destination of the container.
③ The checker should record the confirmed container on the tally sheet.
④ The checker should urge workers to finish their work as fast as possible.

34 다음은 검수원이 컨테이너 검수 중 기록해야 할 필수사항들을 열거하는 영문이다. 괄호 안에 들어갈 알맞은 단어는?

> The checker should record the container number, seal number, size, bay number, and ( ) on the sequence tally sheet.

① port name
② berth number
③ foreman name
④ tractor number

35 다음은 항만운송법상 검수원의 자세를 정의한 내용이다. 밑줄 친 부분 중 적절하지 않은 것은?

The checker have to check cargos with his ① <u>justice</u>, ② <u>accuracy</u>, ③ <u>authority</u>, and ④ <u>rapidity</u> in three party's viewpoint.

36 CFS화물 검수에 대한 설명으로 잘못된 것은?

① Put on a safety hat and vest and work according to the safety rules.
② After stuffing in and carrying out the general cargos, check the cargos.
③ Confirm the container number and see if the cargo is CL or LCL cargo.
④ Check a damaged part in an interior and exterior of the container thoroughly.

37 CFS에서 검수작업시, 컨테이너 문을 개방할 때 떨어지는 화물과의 충돌 사고의 가능성이 있다. 이때 취해야 할 조치사항으로 가장 적절한 것은?

① Both sides of the door should be open at a time.
② The interior walls of container should be inspected.
③ Only one side of the door should be open at a time.
④ Safety nets should be set up for keeping cargos from being dropped.

38 다음 중 CFS화물 검수작업 시 가장 먼저 이루어져야 할 조치사항은?

① Checking the number of the cargos.

② Checking damaged parts of the cargos.

③ Checking the destination of the container moved from CY.

④ Confirming the container number and seeing if the cargo is CL or LCL.

39 다음 중 화물의 과·부족이 발생했을 때, 검수사가 취해야 할 사항으로 잘못된 것은?

① Checking the existence abnormal of cargos.

② Reporting to chief checker and rechecking it.

③ Recording it on overland and shortland report.

④ Finding damaged cargos and checking the condition.

40 화물을 컨테이너에 적입한 후 검수사가 최종적으로 해야 할 일은?

① Recording the matters on the tally sheet in great details.

② Checking the seal of the container and recording it on the tally sheet.

③ Checking the condition and confirming the number of the damaged cargos.

④ Informing to shipping company, the consignor, and terminal in according to the causes.

41 위험물 검수(Dangerous Goods Check)시 사용하는 검수방법은?

① Sling Tally   ② Bucket Tally

③ Number Tally   ④ Checkbook Tally

42 위험물 검수시 검수사가 조치할 사항이 아닌 것은?

① Taking heed every labels and indications on dangerous goods.

② Inserting IMO number on tally sheet.

③ Checking the dangerous goods by shipper's request.

④ Checking the condition of the drums and the leakage of contents in liquid goods.

43 강재화물(Iron Plate) 검수에 대한 설명으로 옳지 않은 것은?

① Safety hat and vest should be worn.

② Most of general remarks are recorded.

③ Iron mark is recorded on shipping mark.

④ The condition and count of the cargos should be checked.

44 IMDG(위험화물) 코드상 3등급에 해당하는 물질은?

① Gases

② Toxic Substances

③ Inflammable Liquid

④ Radioactive Materials

45 다음은 위험물 검수(Dangerous Goods Check)에 대한 내용이다. 괄호 안에 들어갈 말로 가장 적절한 것은?

> As these goods are liquid goods, you should check the (   ) of the drums and the (   ) of contents.

① size – crack

② size – leakage

③ condition – crack

④ condition – leakage

46 다음 대화를 읽고, ( )에 들어갈 말로 적합한 것은?

> A: If one of drums is leaking and about 70% of the content is lost, how should I record it on the tally sheet?
> B: You can write it as "( )."

① 1D/R leaking, about 70% of contents lost

② 1D/R leaking, about 70% of contents dry

③ 1Drum leaking, about 70% of contents lost

④ 1Drum leaking, about 70% of contents dry

47 강재화물 검수(Iron Plate Check)시 사용하는 검수방법은?

① Pile Tally   ② Sling Tally

③ Number Tally   ④ Checkbook Tally

48 '검수시 지켜야 할 사항은 무엇입니까?'라고 할 때 괄호 안에 들어갈 단어는?

> What should we ( ) with while checking?

① avoid   ② follow

③ comply   ④ compete

49 포대화물 검수(Bags Cargo Check)시 일반적으로 사용하는 검수방법은?

① Pile Tally   ② Sling Tally

③ Number Tally   ④ Checkbook Tally

50 포대화물 검수(Bags Cargo Check)시 해야 할 조치로 적절하지 않은 것은?

① Check the damage and the loss of the accessories.

② Write the amount of the cargos in each cargo net on the tally sheet.

③ After checking, record the total amount of the cargos on the tally sheet.

④ Checking the damaged cargos, write a letter, a symbol, or a number on the remarks column.

51 냉동화물 검수시 '10개의 포대가 약간 습기찼다'를 적요기입할 때 맞는 표현은?

① 10 fairly cold bags.

② 10 slightly moist bags.

③ 10 slightly rotten bags.

④ 10 fairly moulded bags.

52 자동차 하역 작업시 자동차들의 오적 오량이 발생된다. 반드시 해야 할 검수사항이 아닌 것은?

① Car efficiency

② Stowage Plan

③ Discharging Port

④ Car style and color

53 화물취급사항 중에서 '세워 둘 것'에 해당하는 영어표현은?

① Stow level.

② Keep from heat.

③ To be stowed flat.

④ To be kept upright.

54 다음 화물취급 주의표시 '취급주의'에 해당하는 영어표현은?

① Use no hook.

② Handle with care.

③ Under heavy cargo.

④ Keep away from heat.

55 다음 중 화물취급 주의표시의 의미가 다른 하나는?

① Stow cool.

② Keep cool.

③ Not to be stowed.

④ To be kept in cool place.

56 다음 화물취급 주의표시 '느슨하게 하시오'에 해당하는 영어표현은?

① Be tight.

② Be slack.

③ Be rough.

④ Be smooth.

57 다음의 화물취급 주의표시 중 '길이로 눕혀 실을 것'에 해당되는 뜻을 가진 것은?

① Stow level.

② This end up.

③ Length ways.

④ Stand on end.

58 화물취급표시 중에서 '갈고리 사용금지'에 해당하는 뜻을 가진 것은?

① Keep dry.

② Sling here.

③ Use no hook.

④ Never lay flat.

59 다음 화물취급 주의표시 중에서 '일광금지'에 해당하는 영어표현은?

① Do not drop.

② Length ways.

③ Keep from heat.

④ Keep out of sun.

60 다음 화물취급의 뜻풀이가 바르게 짝지어진 것은?

① Liquid – 폭발물

② Explosive – 귀중품

③ Valuable – 액체

④ Perishable goods – 부패물

61 다음 화물취급 주의표시 '수평적재'에 해당하는 영어표현은?

① Keep flat.

② Don't crush.

③ This end up.

④ Fragile with care.

62 'On Duty'에 해당하는 뜻을 가진 것은?

① 금 연
② 고 장
③ 근무 중
④ 주차금지

63 '촉수금지'에 해당하는 뜻을 가진 것은?

① Duty off.
② Keep out.
③ Keep off.
④ Hands off.

64 다음 화물취급 주의표시 중에서 'Guard Wetness'와 같은 의미를 가진 말은?

① Keep dry.
② Keep cool.
③ Keep out of the sun.
④ To be stowed in cool place.

65 '충돌주의'에 해당하는 뜻을 가진 것은?

① Sling here.
② Don't crash.
③ Not to be packed.
④ Under heavy cargo.

66 '출입금지'에 해당되는 용어는?

① Keep off.

② Keep out.

③ Hands off.

④ No dumping.

67 다음 영어 설명에 해당하는 화물로 가장 적절한 것은?

> These cargos can easily be changed in the material nature, if they are not kept well. These cargos are fruits, vegetables, and fish, etc. What are these cargos?

① Dirty Cargo   ② General Cargo

③ Dangerous Cargo   ④ Perishable Cargo

68 다음 영어 설명에 해당하는 화물로 가장 적절한 것은?

> These cargos are solids, liquids, or gases that can harm people, other living organisms, or property. These cargos include materials that are radioactive, flammable, explosive, corrosive, toxic, or allergenic. What are these cargos?

① Dirty Cargo   ② General Cargo

③ Dangerous Cargo   ④ Perishable Cargo

69 다음 중 의미가 다른 한 문장은?

① We are going to depart Busan port.

② We are going to arrive in Busan port.

③ We are going to come into Busan port.

④ We are going to enter into Busan port.

66 ② 67 ④ 68 ③ 69 ① 정답

70 다음은 '우리는 14시에 작업을 중단하고 15시에 재개할 예정입니다'에 해당하는 표현이다. 괄호 안에 알맞은 단어는?

> We (   ) the cargo work at 14 and (   ) at 15.

① stop − resume
② finish − resume
③ complete − presume
④ postpone − presume

71 '일등항해사는 오늘 비번입니다'에 해당하는 표현이다. 괄호 안에 알맞은 단어는?

> The (   ) is (   ) duty today.

① first officer − off
② foreman − off
③ first officer − on
④ foreman − on

72 다음 This에 대한 설명으로 가장 적절한 것은?

> • This is a type of machine, generally equipped with wire ropes or chains, and sheaves, that can be used both to lift and lower materials and to move them horizontally.
> • This is used for lifting heavy things and transporting them to other places.

① Wire   ② Hook
③ Pallet   ④ Crane

73 다음은 어떤 하역장비에 대한 설명인가?

> This is used when cargos are stuffing in and(or) unstuffing from container. And also used in container yard when cargos are moving to other places.

① Trailer
② Forklift
③ Gantry-crane
④ Transfer-crane

74 다음 영문을 우리말로 바르게 옮긴 것은?

> This trailer is out of order.

① 이 트레일러는 고장 났어요.
② 이 트레일러는 순서가 틀렸어요.
③ 이 트레일러는 주문된 상태입니다.
④ 이 트레일러는 정상적으로 운행되고 있어요.

75 다음에서 설명하는 것은 무엇인가?

> It is a time estimated of ship departing at some port.

① ETA
② ETC
③ ETD
④ ETS

73 ② 74 ① 75 ③ **정답**

제2장 일반생활영어

01 만났을 때의 인사(Greetings)

(1) Basic Expressions

① Good Morning.	안녕하세요.
② Hi!	안녕!
③ How are you?	잘 있었어요?
④ What's up?	별일 없니?
⑤ Nothing much.	별일 없어.
⑥ I haven't seen you for ages.	오랜만입니다.
⑦ What a surprise to meet you here!	여기서 만나다니 뜻밖이군요!

(2) Dialogue

A : Hi, Mr. Kim.	안녕, 미스터 김.
B : Hi, Mr. Park. How's it going?	안녕, 미스터 박. 요즘 어때?
A : Nothing much. And you?	별 일 없어. 넌 어때?
B : Not so bad. Where are you headed?	좋아. 어디 가는 길이야?
A : Checking cargos.	화물 검사하러 가는 중이야.
B : Take Care!	조심해!
A : Thank you. Catch you later.	고마워. 나중에 보자.

02 헤어질 때의 인사(Good-byes)

(1) Basic Expressions

① Good-bye.	안녕히 가세요.
② See you later.	다음에 만나요.
③ Take it easy.	잘 가.
④ Have a good day.	좋은 하루 보내세요.
⑤ Say hello to Mr. Park.	미스터 박에게 안부 전해주세요.
⑥ Well, I have to go.	그만 가봐야겠군요.
⑦ Let's keep in touch.	서로 연락합시다.

(2) Dialogue

A : I'm afraid I must say good-bye.   아쉽지만 작별 인사를 해야겠군요.

B : Are you going already?   아니 벌써 가시려고요?

A : I'm sorry, I must be off now.   죄송하지만 이제 가봐야 해요.
　　It's getting rather late.   벌써 늦었어요.

B : I hope to see you again soon.   곧 다시 만나 뵙길 바랍니다.

A : I hope so.   저도 그러길 바랍니다.

B : Good-bye.   안녕히 가세요.
　　Please remember me to your family.   가족들에게 제 안부 전해 주세요.

A : Thank you, I will.   고마워요. 꼭 전하죠.
　　Let's keep in touch. Good-bye.   서로 연락합시다. 안녕히 계세요.

03 첫 대면과 소개하기(Introductions)

(1) Basic Expressions

① How do you do? 처음 뵙겠습니다.

② Glad to meet you. 만나 뵙게 되어 반갑습니다.

③ May I introduce myself (to you)? 제 소개를 하겠습니다.

④ I'd like you to meet Mr. Park. 미스터 박을 소개합니다.

⑤ This is Mr. Park, Checker. 이분은 검수원인 미스터 박입니다.

⑥ I've heard so much about you. 말씀 많이 들었습니다.

⑦ How do I address you? 뭐라고 부르면 좋을까요?

(2) Dialogue

A : Minsu, this is Inho. 민수, 이 사람은 인호야.

Inho, this is my best friend Minsu. 인호, 내 절친한 친구 민수야.

B : Hi, Inho. Nice to meet you. 안녕, 인호. 만나서 반가워.

C : Hi, Minsu. 안녕, 민수.

I've heard a lot about you from 두한이에게 네 얘기 많이 들었어.
Doohan.

B : Only good things, I hope. 좋은 얘기만 들었으리라 믿어.

C : Of course. Doohan always said "You are a good checker."
물론이지. 두한이는 "네가 훌륭한 검수원"이라고 늘 말했어.

A : Let's sit down and talk over a cup of coffee.
우리 앉아서 커피 마시면서 이야기하자.

04 신상 이야기(Personal Affairs)

(1) Basic Expressions

① May I have your name, please? 성함이 어떻게 되십니까?

② What is your address? 주소가 어떻게 됩니까?

③ How old are you? 몇 살입니까?

④ What school did you go to? 어느 학교에 다녔나요?

⑤ What do you do for a living? 직업이 무엇입니까?

⑥ Are you married? 결혼했습니까?

⑦ How big is your family? 가족이 몇 명입니까?

(2) Dialogue

A : Your name, please? 성함이 어떻게 되십니까?

B : My name is Kim Mi-hyeon. 김미현입니다.

A : What's your nationality? 국적이 어디죠?

B : I'm from Korea. 한국입니다.

A : How long have you been in the States? 미국에 온 지 얼마나 됐습니까?

B : About two years. 2년가량 됩니다.

A : Are you married or single? 결혼했나요, 아니면 미혼인가요?

B : I'm single. 미혼입니다.

A : Where's your family? Here or in Korea? 가족들은 어디에 있습니까? 여기에 있나요, 한국에 있나요?

B : In Korea. 한국에 있습니다.

A : Fill out this card, please. 이 카드에 기입해 주세요.

B : Okay. 알겠습니다.

05 시간과 날짜(Time and Date)

(1) Basic Expressions

① What time do you have?   몇 시입니까?

② It's ten to eight.   8시 10분 전입니다.

③ My watch is five minutes slow.   제 시계는 5분 늦습니다.

④ What's the date today?   오늘이 며칠입니까?

⑤ It's May third.   5월 3일입니다.

⑥ What day is it today?   오늘이 무슨 요일입니까?

⑦ It's Monday.   월요일입니다.

(2) Dialogue

A : Today is Friday, isn't it?   오늘 금요일 맞지?

B : You're right.   그래.

A : What's the time now?   지금 몇 시니?

B : It's almost two-thirty.   2시 30분이 다 되어 가는데.

A : Oh, my gosh!   오, 이런!

B : What's wrong?   무슨 일 있어?

A : I have a date at three.   3시에 약속이 있어.
    I'm afraid I'll be late.   늦을 것 같다.

B : Don't worry!   걱정 마.
    My watch is ten minutes fast.   내 시계는 10분 빨라.
    You'll make it on time.   시간에 맞출 수 있을 거야.

06 날씨(Weather)

(1) Basic Expressions

① What's the weather like today?   오늘 날씨 어때요?

② The weather is fine.   날씨가 좋습니다.

③ It's warm.   따뜻해요.

④ It looks like rain.   비가 올 것 같습니다.

⑤ What's the weather forecast for tomorrow?   내일 날씨는 어떤가요?

⑥ What's the temperature today?   오늘 온도는 몇 도나 됩니까?

⑦ How is the weather in Los Angeles?   로스앤젤레스의 날씨는 어떤가요?

(2) Dialogue

A : It looks like rain, doesn't it?   비 올 것 같지 않니?

B : I'm afraid it does.   글쎄, 올 것 같은데.

A : What's the forecast for today?   오늘 일기예보에서 뭐래?

B : Cloudy in the morning, clear later.   아침에 흐렸다가 나중에 갠대.

A : I sure hope so.   그래야 할 텐데.

I've promised to take my girlfriend to the park.
여자 친구랑 공원에 가기로 했거든.

B : I hope the weather doesn't let her down.
날씨 때문에 친구가 실망하는 일이 없길 바란다.

07 감사의 말(Showing Gratitude)

(1) Basic Expressions

① Thank you.   감사합니다.

② I'm really grateful to you.   정말로 감사합니다.

③ You're welcome.   천만에요.

④ Thank you for your help.   도와주셔서 감사합니다.

⑤ I don't know how to thank you enough.

　뭐라고 감사를 드려야 할지 모르겠습니다.

⑥ Thank you just the same.   아무튼 고맙습니다.

⑦ It's very kind of you to do so.   그렇게 해주셔서 감사합니다.

(2) Dialogue

A : I wonder if you can do me a favor.   부탁이 하나 있어.

B : Sure. What is it?   뭔데?

A : Can I borrow your car for a few days?   며칠 동안 차 좀 빌릴 수 있을까?

B : I'll be glad to let you take it.   빌려주고말고.

A : Thanks a lot.   고마워.

B : It's nothing.   천만에.

A : No, I mean it! It's very nice of you to lend it to me.

　아냐, 자동차를 빌려줘서 얼마나 고마운지 모르겠다.

　I really appreciate it.   정말 고맙다.

B : I'm glad I could help you.   도움이 되었다니 나도 기뻐.

08 사과의 말(Apologizing)

(1) Basic Expressions

① I'm sorry./ Excuse me.   죄송합니다.

② I'm sorry I'm late.   늦어서 죄송합니다.

③ It's my fault.   제 잘못입니다.

④ I didn't mean it.   고의로 그런 건 아닙니다.

⑤ It won't happen again.   다시는 이런 일이 없을 겁니다.

⑥ How can I make it up to you?   제가 어떻게 하면 좋겠습니까?

⑦ Please, forgive me.   용서해 주시기 바랍니다.

(2) Dialogue

A : I'm sorry I'm late.   늦어서 미안해요.

B : Do you have any idea how long I've been waiting here for you?
내가 여기서 얼마나 기다렸는지 알기나 해요?

A : I'm really sorry to have kept you waiting.
기다리게 해서 정말 미안해요.
There was so much traffic on the way.
오는데 길이 너무 막혔어요.

B : I don't buy that excuse.
그런 핑계 댈 것 없어요.

A : It won't happen again. I promise.
다시는 이런 일 없을 겁니다. 약속해요.

B : Well, I'll have to think about it.
글쎄요, 생각 좀 해 봐야겠네요.

09 부탁과 허락(Asking a Favor & Permission)

(1) Basic Expressions

① May I ask you a favor?　　　　　부탁 좀 드릴까요?

　 May I ask a favor of you?　　　부탁 좀 드려도 될까요?

② Sure. What is it?　　　　　　　물론이죠. 무엇인데요?

③ Do you mind if I smoke?　　　　담배 좀 피워도 될까요?

④ No, of course not.　　　　　　　물론 상관없습니다.

⑤ May I sit down here?　　　　　　여기 앉아도 될까요?

⑥ Could you give me a hand?　　　좀 도와주시겠어요?

⑦ Would you be so kind enough to help me?

　 저 좀 도와주실 수 있습니까?

(2) Dialogue

A : I'd like to ask you a favor.　　부탁 하나 드리고 싶어요.

B : Sure. What is it?　　　　　　예, 뭔데요?

A : Well, I'm planning to check cargos next week.

　 다음 주에 화물검수를 할 계획입니다.

B : What are you going to check?　무엇을 검수할 건데요?

A : Container cargos.　　　　　　컨테이너 화물입니다.

B : That sounds like trouble.　　　힘들겠군요.

A : I was wondering if you'd take night work for me.

　 제 대신 오늘 야간근무를 해줄 수 있나요?

B : Sure. I don't mind.　　　　　그럼, 좋아요.

A : Thanks a lot.　　　　　　　　매우 감사합니다.

10 충고와 제안(Advice & Suggestion)

(1) Basic Expressions

① Let's take a coffee break.   커피 마시면서 잠깐 쉽시다.

② How about a drink after work?   퇴근 후 한 잔 어때요?

③ Would you like to come with us?   저희와 같이 가시겠습니까?

④ Why don't you have a seat?   앉으시죠?

⑤ You had better take my advice.
제 충고를 받아들이는 게 좋을 겁니다.

⑥ I suggest you take a break.   당신은 좀 쉬어야겠습니다.

⑦ Make sure you have to refrain from   술을 삼가십시오.
drinking.

(2) Dialogue

A : It's getting late. I should be going.   늦어서 가 봐야겠다.

B : Already? Why not stay a bit longer?   벌써? 좀 더 있지 그래?

A : I'd like to, but I really must go.   그러고 싶지만, 정말 가야 해.
I should work on my report.   보고서를 작성해야 하거든.

B : When is your paper due?   보고서가 언제까진데?

A : Tomorrow.   내일.

B : I see. Are you free Wednesday afternoon?
알았어. 수요일 오후에 시간 있니?

A : No, I have a work.   아니, 작업이 있어.

B : And then, how about this Saturday?   그럼, 이번주 토요일은 어때?

A : Okay, see you again then.   좋아, 그때 다시 보자.

11 약속(Appointment)

(1) Basic Expressions

① When will you be free?   언제 시간이 있습니까?

② It's up to you.

    당신에게 맞추겠습니다(아무 때나 좋습니다).

③ I'm available after two today.   오늘 2시 이후면 만날 수 있습니다.

④ I'm sorry, but I'll be busy today.   죄송하지만 오늘은 시간이 없네요.

⑤ When shall we meet?   우리 언제 만날까요?

⑥ I'd like to make an appointment   만나 뵙고 싶습니다.
    with you.

⑦ Could we reschedule the date?   약속 날짜를 다시 잡을까요?

(2) Dialogue

A : Hello, Minsu? It's Inho.   여보세요, 민수? 나 인호야.

B : Okay, good to hear your voice.   그래, 목소리 들으니 반갑다.
     How have you been?   잘 지냈니?

A : Fine. Say, are you busy today?   좋아. 그런데 오늘 바쁘니?
     I'd like to see you if you're free today. 안 바쁘면 좀 만났으면 해서.

B : I'll be free in the afternoon.   오후에는 시간이 있을 거야.

A : What time shall I come?   몇 시에 갈까?

B : How about 3 o'clock?   3시가 어때?

A : All right. I'll be there then.   좋아. 그때까지 갈게.

B : Okay. I'll be waiting.   그럼 기다리고 있을게.

12 길 묻기(Getting Directions)

(1) Basic Expressions

① Excuse me .... 실례합니다.

② I'm lost. Can you help me? .... 길을 잃었습니다. 도와주시겠습니까?

③ How do I get to the 7th pier? .... 7부두에 가려면 어떻게 가야합니까?

④ Which is the best way to Main Street?
   주도로로 가는 지름길이 어느 길인가요?

⑤ Would you tell me the way to the new port?
   신항으로 가는 길을 가르쳐 주시겠습니까?

⑥ How long does it take to get there?   그 곳까지 얼마나 걸리나요?

(2) Dialogue

A : Excuse me, but I have lost my way.   미안합니다만 길을 잃었습니다.
    Could you help me?   저 좀 도와주시겠습니까?

B : Where are you trying to go?   어디에 가려고 하십니까?

A : I'm looking for Busan new port.   부산 신항을 찾고 있어요.

B : Well, go back to the signal and turn left.
    교통 신호등 쪽으로 돌아가셔서 왼쪽으로 돌아가세요.

A : And then?   그 다음은요?

B : Take the first right and walk two more blocks.
    첫 번째 오른쪽으로 돌아가서 두 블록 더 걸어가세요.

A : Which side of the street is it on?   도로 어느 쪽에 있나요?

B : It's on the right, next to the police station.
    경찰서 지나서 도로 오른쪽입니다.

제 **2** 장 | 적중예상문제

01 다음 중 인사말을 나누는 상황이 다른 하나는?

① Hi!
② Take care!
③ How are you?
④ I haven't seen you for ages.

02 다음 중 처음 만나는 상황에서 할 수 있는 인사말은?

① Nice to see you.
② How do you do?
③ Long time no see.
④ How have you been?

03 처음 만나는 상황에서 할 수 있는 인사말로 "Nice to meet you"라 말할 수 있다.
두 번째 만났을 때 할 수 있는 인사말로 적합한 것은?

① See you.
② You're welcome.
③ Nice to see you.
④ I must be off now.

04 헤어질 때 나눌 수 있는 인사말로 적절하지 않은 것은?

① Good-bye.

② Take it easy.

③ Have a good day.

④ What a surprise to see you.

05 다음 A에 대한 B의 응답으로 적절하지 않은 것은?

A : How do you do?
B : (   )

① How do you do?   ② Nice to see you.

③ Glad to meet you.   ④ Happy to meet you.

06 다음 A에 대한 B의 응답으로 적절한 것은?

A : What do you do?
B : (   )

① I'm very well.   ② I'm a checker.

③ I'm discharging.   ④ My favorite is soccer.

07 다음 중 처음 만나는 사람에게 하면 예의에 어긋나는 질문은?

① May I have your name, please?

② What's the climate like here?

③ What time do you have?

④ Are you married?

08 다음 중 의미가 다른 한 질문은?

① What time is it?
② Do you have time?
③ Do you have the time?
④ What time do you have?

09 B에 대한 응답이 나올 수 있는 A의 질문으로 가장 적절한 것은?

A: (   )?
B: I'm from the U.S

① What do you do   ② When are you here
③ Where are you from   ④ How do you get here

10 다음 대화에서 B에 대한 대답에 적합한 A의 질문은?

A : (   )?
B : It's June 6th

① What time do you have   ② What day is it today
③ Do you have time   ④ What's the date

11 다음 대화에서 B에 대한 대답에 적합한 A의 질문은?

A : (   )?
B : It's Monday.

① What time do you have   ② What day is it today
③ Do you have time   ④ What's the date

12 다음 중 B와 같은 대답으로 나올 A의 질문으로 적절하지 않은 것은?

> A : (   )?
> B : I'm a first officer.

① What line of work are you in
② What do you for a living
③ What do you want to be
④ What's your occupation

13 '제 시간에 맞출 수 있을 거예요'라는 영어표현이 되도록 괄호 안에 들어갈 적당한 말은?

> You'll make it (   )

① in time
② on time
③ in a while
④ for a long time

14 다음 영문들 중에서 그 의미가 다른 것은?

① Do you have time?
② What time is it now?
③ Have you got the time?
④ Can you tell me on your time?

15 다음 중 가리키는 시간이 옳게 짝지어진 것은?

① quarter to nine − 9시 15분
② quarter to eight − 7시 45분
③ half past eight − 7시 30분
④ ten five − 5시 10분

16 다음 중 '10시 10분 전'을 나타내는 것은?

① It's ten to ten.

② It's ten past ten.

③ It's half past ten.

④ It's a quarter to ten.

17 "내 시계는 10분 느려요'의 영어표현으로 가장 적절한 것은?

① My watch is ten minutes fast.

② My watch is ten minutes slow.

③ My watch is fast by 10 minutes.

④ My watch gains ten minutes a day.

18 다음 영문과 일치하는 시간끼리 순서대로 잘 짝지어진 것은?

> • It's ten to nine.
> • It's half past ten.

① 8시 50분 - 10시 30분   ② 9시 10분 - 10시 30분

③ 10시 9분 - 9시 30분   ④ 10시 10분 - 9시 30분

19 다음 영문 중에서 그 의미가 다른 것은?

① What day is it today?

② What's the day today?

③ What's the date today?

④ What's the day of the week today?

20 대화에서 다음과 같은 응답을 하기에 알맞은 질문은?

> It's 16 degrees celsius.

① What's the climate like?
② What's the temperature?
③ What's the weather like?
④ What's the forecast for today?

21 다음 영문과 그 의미가 가장 유사한 것은?

> My watch loses five minutes a day.

① My watch is fast by five minutes a day.
② My watch is five minutes slow a day.
③ I have enough five minutes everyday.
④ My watch gains five minutes a day.

22 다음 대화를 읽고 (A)에 올수 있는 질문으로 가장 적절한 것은?

> (A) : (   )
> (B) : It's Monday.

① How long does it take?
② What day is it today?
③ What's the date?
④ What time is it?

23 다음 대화를 읽고 (A)에 올 수 있는 질문으로 가장 적절한 것은?

> (A) : (   )?
> (B) : It's raining cats and dogs now.

① Who is fighting now
② What happened to you
③ How is the weather today
④ What's the forecast for tomorrow

24 다음 중 감사의 표현이 아닌 것은?

① You're welcome.
② I really appreciate it.
③ I'm really grateful to you.
④ I don't know how to thank you.

25 다음 대화를 읽고 (B)에 들어갈 말로 부적절한 표현은?

> (A) : Thank you so much.
> (B) : (   )

① You're welcome.   ② It's my pleasure.
③ Don't mention it.   ④ I'm afraid I can't.

26 모르는 사람의 관심을 끌 때나 무엇인가를 요청할 때 사용하는 일반적인 영어표현은?

① Hey.   ② Please.
③ I'm sorry.   ④ Excuse me.

27 다음 대화를 읽고 (A)에 올 수 있는 질문으로 가장 적절한 것은?

> A : (   )?
> B : Sure, what is it?

① May I help you?

② May I ask you a favor?

③ What are you going to do?

④ Do you mind if I open the door?

28 다음 중 의미가 다른 한 문장은?

① May I ask a favor of you?

② Could you give me a hand?

③ How can I make it up to you?

④ Would you be so kind enough to help me?

29 다음 대화를 읽고 (B)에 올 수 있는 내용으로 가장 적절한 것은?

> A : I have a fever and I'm feeling very tired.
> B : (   )

① Sure. I don't mind.

② You should have tried a lot.

③ I suggest you take a break.

④ Why don't you come with me?

30 다음 대화를 읽고 (B)에 올 수 없는 내용은?

> A : When will you be free?
> B : (   ).

① It's up to you.

② Sure, go ahead.

③ I'm available after two.

④ I am sorry. I will be busy today.

31 다음 괄호 안에 들어갈 말로 가장 적절한 것은?

> (   ) do I get to the 7th pier?

① How

② Where

③ Which

④ Whom

32 '첫 번째 오른쪽으로 돌아가서 두 블록 더 걸어가세요'라는 의미가 되도록 괄호 안에 들어갈 단어로 가장 적절한 것은?

> (   ) the first right and walk two more blocks.

① Go   ② Have

③ Take   ④ Return

33 '그곳까지 얼마나 걸리나요?'를 영문으로 바르게 옮긴 것은?

① How do I get there?

② When can I get there?

③ How long does it take to get there?

④ How many times does it need to get there?

34 '마음 편히 쉬세요'를 영어로 바르게 표현한 것은?

① Take it easy.

② Help yourself.

③ Enjoy yourself.

④ Make yourself.

35 '보고서는 언제까지입니까?'라는 문장을 만들 때 괄호 안에 들어갈 수 있는 말은?

> When is your paper (   )?

① up

② due

③ free

④ available

36 다음 대화를 읽고 흐름상 괄호 안에 올 수 있는 영어표현으로 가장 적절한 것은?

> A : This jacket looks very expensive. (   )?
> B : It's not expensive. It costs 20 dollars.

① How can I buy it

② Where can I buy it

③ How much does it cost

④ Could you give me a discount

37 다음 대화를 읽고 흐름상 괄호 안에 올 수 있는 영어표현으로 가장 적절한 것은?

> A : I have to go to the airport now.
> B : It was nice to see you. Give me a call.
> A : Don't worry. (   )

① I must be busy   ② I'll keep in touch

③ You can't believe   ④ You'll have good luck

38 다음 중 'Can you fill me in on that?'를 우리말로 표현한 것 중 가장 적절한 것은?

① 그것 좀 설명해 주시겠어요?   ② 저걸로 가득 채워주실래요?

③ 저것 좀 작성해 주실래요?   ④ 저와 함께 가 주실래요?

39 다음 중 의미가 다른 영어표현은?

① It was terrible.

② It was awesome.

③ It went off without a hitch.

④ It couldn't have been better.

40 다음 중 전화상에서 'Would you hold on a moment, please?'의 의미로 가장 적절한 것은?

① 이만 끊을게요.

② 잠시만 기다려 주세요.

③ 다음에 다시 걸어 주세요.

④ 남기실 메시지를 알려주세요.

교육은 우리 자신의 무지를 점차 발견해 가는 과정이다.

– 윌 듀란트 –

부 록

최종모의고사
+ 구술복원문제
+ 최신기출복원문제

검수사 [한권으로 끝내기]

www.**sdedu**.co.kr

제 1 장

최종모의고사

검수사 지필시험은 본 도서의 전 영역에서 다루어지고 있으며, 과년도 기출문제를 추정하여 만들었습니다.
※ 수험생들의 후기를 통해 (주)시대고시기획에서 복원한 문제로 실제 문제와 다소 차이가 있을 수 있으며, 본 저작물의
무단전재 및 복제를 금합니다.

01 화물사고가 발생할 수 있는 상황이 아닌 것은?

① 선적시 ② 운송시
③ 검수시 ④ 하역시

02 현재적요로서 'Found in stow'에 해당 하는 것은?

① 수입화물로서 하역 중에 발생한 하역인부 책임의 손상화물
② 수출화물로서 본선에 선적하기 전에 발생한 화주 책임의 손상화물
③ 수출화물로서 작업인부의 부주의에 의해 발생한 하역회사 책임의 손상화물
④ 수입화물로서 본선상에서 해치 개방 전 또는 하역 전에 발생한 본선 책임의 손상화물

03 Port of discharging이란?

① 선적항
② 수출항
③ 수입항
④ 양하항

04 수출항에서 화물을 부족하게 선적한 경우 적요를 바르게 표시한 것은?

① Over shipped at loading port
② Over shipped at discharging port
③ Short shipped at loading port
④ Short shipped at discharging port

05 운송 중에 발생한 아래 적요에서 선주(운송사)의 책임이 아닌 것은?

① 2Bags cover wet by oil each.
② Bulk cargo wet slightly and stinking.
③ Salt, 3bags torn, content's about 20% missing.
④ S/N/R for Breakage of bags & loss of Contents.

06 Sling Tally 검수방법을 바르게 설명한 것은?

① 특수화물(Special Cargo)을 검수할 때 주로 사용한다.
② 화물을 팔레트 또는 화물네트를 이용하고, 주로 창고 내 또는 야적장에서 사용한다.
③ 인수자와 인도자 측이 상호 검수를 하면서 매 슬링 단위로 서로 개수를 불러주며 검수표를 대조하며 검수한다.
④ 선적지시서(Shipping Order)상에 기재된 화물의 기호, 개수 등의 상태를 체크하며 검수한다.

07 네 기둥만 있는 컨테이너로 기계와 같이 중량물을 수송하는 데 사용되는 것은?

① Dry Container　　　　　② Reefer Container
③ Flat Rack Container　　　④ Open Top Container

08 항만운송사업의 종류에 해당하지 않는 것은?

① 검수사업
② 감정사업
③ 보증사업
④ 항만하역사업

09 항만운송 관련 부대사업에 해당하지 않는 것은?

① 검수업
② 선박 급유업
③ 물품 공급업
④ 컨테이너 수리업

10 일반적요에 대한 설명으로 옳지 않은 것은?

① 일반적으로 적요사항에 'S/N/R ~'로 표시한다(S/N/R – Ship's Not Responsible).
② 화물을 적하·양하할 때 발생하는 손상, 파손, 손실, 기타 모든 상태를 기입하는 적요이다.
③ 일반적요는 운송 중 예상치 못한 손상 혹은 사고가 생길 우려가 있을 경우 이를 대비하여 기재한다.
④ 적요사항은 선적지시서를 발행할 때 기재되고, 이 경우 선사는 하주측과 협의하여 본선수취증에 기재한다.

11 50,000lbs는 몇 K/T인가?

① 1K/T
② 22.68K/T
③ 50,802K/T
④ 45,359K/T

12 하역인부(Stevedore)의 실수는 누구의 책임인가?

① 하역회사
② 검수회사
③ 선박회사
④ 송·수하주

13 항만 하역 관련 용어인 'Gang'에 대한 설명으로 옳지 않은 것은?

① 각종 Crane을 다루는 기사를 통칭하는 용어이다.
② 선내 하역작업에 필요한 작업원 구성의 한 단위를 일컫는다.
③ 하역 작업원 1조가 1시간 작업하는 양을 'One Gang One Shift'라고 한다.
④ 일반적으로 부두나 갑판에서 일하는 하역인부와 선창 내에서 일하는 하역인부 (Hold-Men)로 나누어 작업을 한다.

14 갑판작업을 할 때 유의할 사항으로 옳지 않은 것은?

① 해치커버나 빔이 적재되어 있는 위를 통행해서는 안 된다.
② 하역 중 갑판을 통행할 때는 화물의 낙하, 흔들림, 하역기계의 케이블 등을 확인한 후에 통행한다.
③ 갑판에서 원목작업을 할 때는 슬링 와이어의 묶음상태를 확인하고, 묶음에서 빠져나오는 원목의 낙하로 인한 위험을 대비한다.
④ 갑판상 검수는 하역기계나 하역 중 돌발사고가 일어날 수 있으므로 하역작업이 종료된 후에 실시한다.

15 부두측 검수에 대한 설명으로 옳은 것은?

① 선박회사가 완전한 상태로 화물을 인수했음을 하주측 입장에서 입증하는 행위이다.

② 보세장치장(CFS)에서 컨테이너 화물을 적입·적출할 때 인도·인수를 증명하는 검수작업이다.

③ 화물을 적하·양하할 때 계약한 화물의 완전한 인도·인수를 위해 운송인측 입장에서 실시하는 검수이다.

④ 양하작업, 화물의 반출·반입작업, 트럭 등 운송시 연결지점에서의 인도·인수를 위한 검수작업이다.

16 Care Mark 중 '수평을 유지하라'는 뜻을 지닌 표시는?

①
②
③
④

17 Care Mark 중 '무게 중심'을 나타내는 표시는?

①
②
③
④

18 위험화물(Dangerous Cargo) 중 IMO Code 5등급에 해당하는 것은?

① 화약류
② 고압가스
③ 가연성 고체
④ 산화성 물질

19 특수화물(Special Cargo)에 해당하는 것은?

① General Cargo

② Valuable Cargo

③ Explosive Cargo

④ Compressed Gas Cargo

20 위험화물 취급에 대한 설명으로 옳지 않은 것은?

① 반드시 위험물 표찰과 표식을 확인한 후에 검수에 임한다.

② 내품에 의해 신체상 피해를 입을 가능성이 있기 때문에 반드시 개인 안전장구를 착용한다.

③ 위험물 적재시 문제가 발생하면 즉시 경찰관서나 소방관서에 알리고 타 선박의 피해를 막기 위해 노력한다.

④ 위험물은 위험물선박운송규칙에 따라 선적 수속에 필요한 서류를 모두 갖춘 후 선장의 승인을 받아 선적해야 한다.

21 포장의 단위 중 'Carboy'가 뜻하는 것은?

① 부식성 액체를 담는 유리, 플라스틱, 금속으로 된 병

② 금, 은, 동 등의 덩어리

③ 전선, 철선을 말아 놓은 것

④ 포도주, 기타 액체 등을 넣는 목재통

22　다음 냉동화물에 대한 적요사항을 바르게 표기한 것은?

> 3상자가 파손되고 냉동이 풀렸다.

① 3Cs broken, content's mixed.
② 3Cs broken, content's softed.
③ 3Cs broken, content's leaking.
④ 3Cs broken, content's moulded.

23　선박의 각 창구에서 작성된 검수표를 기초로 해서 창구별, 이동(주간 · 야간)별로 작성하며, 적요에는 본선수취증에 기재된 내용과 동일하게 기록하여 인수 · 인도자 간에 상호 검인하는 서류는?

① Packing List
② Rechecking List
③ Exception Report
④ Cargo Boat Note

24　선적지시서와 검수표를 기초로 한 각 선창에 적재된 화물의 적하 명세표로서 적요에는 선적지시서 또는 선하증권번호, 양하지, 기호, 품명, 개수, 중량, 용적과 본선수취증에 기재된 내용들이 기재된다. 이 명세서는 무엇인가?

① 포장명세서(Packing list)
② 적하목록(M/F, Manifest)
③ 본선수취증(M/R, Mate's Receipt)
④ 화물적하손상보고서(Cargo Loading Exception Report)

25 본선 선박 도착 전에 발생한 화물사고에 대하여 검수사가 해야 할 일로 적합하지 않은 것은?

① 불완전 포장으로 인한 화물사고를 정확히 파악해야 한다.

② 화물기호의 불분명으로 인한 화물사고를 정확히 파악해야 한다.

③ 화물사고를 발견하였을 경우에는 그 상황을 선장에게 보고해야 한다.

④ 비해당 화물의 혼적, 내품의 감소, 손상, 망실 등은 화물사고에 해당하므로 이를 정확히 확인해야 한다.

26 선박의 흘수(Draft Mark)에 대한 설명으로 옳은 것은?

① 흘수는 선수와 선미 양쪽에 표시한다.

② 선박의 흘수는 운송사인 선박회사가 지정하여 표시한다.

③ 선박 길이의 중앙에서 상갑판의 윗면으로부터 만재흘수선까지의 수직거리를 나타낸다.

④ 화물을 비웠을 때 선박의 중앙부와 수면이 닿는 위치에서 배의 가장 밑부분까지의 수직거리를 나타낸다.

27 인사의 표현 중 다른 하나는?

① Take it easy.

② How do you do?

③ Glad to meet you.

④ May I introduce myself to you?

28 다음 This에 대한 설명으로 가장 적절한 것은?

> This is used for lifting heavy things and transporting them to other places.

① Sling   ② Crane

③ Pallet   ④ Trailer

29 날씨에 관한 물음으로 적절하지 않은 것은?

① It looks like rain.

② The weather is fine.

③ What day is it today?

④ What's the weather like today?

30 때에 따른 인사말 중 다른 하나는?

① Good-bye.

② Take it easy.

③ See you later.

④ What a surprise to meet you here!

31 'Frozen Cargo'에 대한 설명으로 옳지 않은 것은?

① 냉장화물이라고 한다.

② 주로 어류, 육류 화물이 이에 해당한다.

③ -6.7℃ 이하에서 보관되어야 하는 화물이다.

④ 냉동 풀림, 꼬리 절단, 머리 부서짐, 부패 여부를 주의해서 검수해야 한다.

32 컨테이너 적요에 사용되는 용어와 의미가 일치하는 것 2개를 고르시오.

① Adrift – 갈라진 것

② Caved in – 마찰로 깎인 것

③ Distorted – 비틀어짐

④ Gashed – 깊게 갈라진 것

33 하역인부의 부주의로 인해 발생한 화물사고의 책임한계를 정확히 파악하고 적요를 기재할 때 누구의 서명을 받아야 하는가?

① 선 장

② 운송사 책임자

③ 선박회사 책임자

④ 하역회사 책임자

34 생선 냉동화물의 적요에 사용되지 않는 것은?

① Soft

② Tail Cut

③ Tangled

④ Head Crushed

제 **2** 장 | 구술복원문제

> 검수사 구술시험은 과년도 기출문제를 추정하여 복원하였습니다.
>
> ※ 수험생들의 후기를 통해 (주)시대고시기획에서 복원한 문제로 실제 문제와 다소 차이가 있을 수 있으며, 본 저작물의 무단전재 및 복제를 금합니다.

01 하역인부를 영어로 말하시오.

Stevedore

02 나무(목재 화물)의 검수단위는?

Bundle

03 건현(乾舷)을 영어로 표현하시오.

Free Board Mark

04 흘수(吃水)를 영어로 표현하시오.

Draft Mark

05 배에 표시되어 있는 흘수 중에 T, S, F는 무엇인가?

- T – Tropical full draft line, 열대해역만재흘수선(熱帶海域滿載吃水線)
- S – Summer draft line, 하기만재흘수선(夏期滿載吃水線)
- F – Fresh water full draft line, 담수만재흘수선(淡水滿載吃水線)

06   LCL이란 무엇인가?

Less than Container Load의 약자로 컨테이너 1개를 채울 수 없는 소량화물을 일컬음(컨테이너 1개에 2인 이상의 화주 화물이 혼재됨)

> **참고**
>
> 혼재(混載, Consolidation) : 선적항에서 컨테이너에 화물을 섞어 실음. 실무에서는 콘솔작업이라 함
> ※ 혼재하는 곳 : CFS(Container Freight Station, 컨테이너화물 집화소)
> ※ 수출항 CFS에서 컨테이너에 섞어 적입(Stuffing)하므로 Consolidation이라 하며, 수입항 CFS에서 컨테이너를 개방하여 혼재된 화물을 적출(Unstuffing)하여 수화주별로 분류하는 작업을 Distribution이라고 한다.

07   부피로 수량을 나타내는 화물을 무엇이라 하는가?

용적화물

08   일반적으로 본선에서 일하는 승조원의 직책은?

선장, 1등항해사, 2등항해사, 3등항해사

09   1inch는 몇 cm인가?

2.54cm

10   1ft는 몇 inch인가?

12inch

> **참고**
>
> • 1yard = 3ft
> • 1ft = 12inch
> • 1yard = 36inch
> • 1mile = 1,760yard

11 CY란 무엇인가?

Container Yard, 컨테이너 야적장

12 FCL이란 무엇인가?

Full Container Load, 컨테이너 1개 이상을 채울 수 있는 대량화물

13 CFS란 무엇인가?

Container Freight Station, LCL화물을 FCL로, FCL화물을 LCL로 바꾸는 작업장, 컨테이너화물 집화소

14 '깨졌다'를 영어로 표현하면?

Broken

15 EDI란 무엇인가?

Electronic Data Interchange, 전자문서교환

16 EDI로 문서를 보내는 곳은?

세관, 선박회사, 운송사 등

17 TEU란 무엇인가?

20ft 컨테이너 1개

> **참고**
>
> TEU(Twenty-foot Equivalent Unit)
> 선박의 적재능력이 5,000TEU라 하면 이 배에는 40ft짜리 컨테이너를 2,500개 실을 수 있음
> (20ft 컨테이너는 5,000개 적재 가능)

18 B/L이란?

Bill of Lading, 선화증권, 선하증권
※ B/L은 선박회사 사장이 발행한다.

19 Gantry Crane에 표시되어 있는 SWL은 무엇을 뜻하는가?

SWL(Safe Working Load), 안전사용하중이라고 함
예 SWL 15T → 갠트리 크레인의 안전사용하중은 15Ton임

20 LOLO/RORO란 무엇인가?

- LOLO 방식(Lift On/Lift Off) : 화물의 선적·양하할 때 해치를 통하는 수직하역방법으로 윈치 (Winch) 또는 크레인(Crane)을 이용하는 방식
- RORO 방식(Roll On/Roll Off) : 화물을 적하·양하할 때는 본선의 앞·옆·뒤쪽에 설치되어 있는 부두측면(Ramp Way)을 통하여 트랙터·트럭·섀시·포크리프트를 이용하여 작업하는 수평하역방식

21 Keep from heat란 무엇인가?

열로부터 화물을 보호할 것

22 갑판하역시 주의할 사항을 말하시오.

- 본선 갑판작업시 갑판을 통행할 때 해치커버나 빔이 적재되어 있는 위, 그리고 와이어·화물네트·슬링 등의 하역기구 위를 통행해서는 안 된다.
- 하역작업 중 갑판을 통행해야 할 때는 화물의 낙하, 흔들림, 하역기계의 케이블 등을 확인한 후에 통행한다.
- 하역기계나 하역 중 돌발 사고에 대비하여 안전한 장소에서 갑판화물을 검수한다.
- 갑판에서 원목작업이 이루어질 때는 슬링 와이어의 묶음상태를 반드시 확인하고, 묶음에서 빠져나오는 원목의 낙하로 인한 위험을 대비한다.
- 갑판상에 쌓아 놓은 해치커버 또는 빔 위에서 검수할 때는 안전장치 여부를 확인한다.

23 M/R이란 무엇인가?

Mate's Receipt, 본선수취증, 1등항해사가 발행하며 선원수취증이라고도 함

24 검수사를 영어로 표현하시오.

Checker, Tally Man

25 선수(船首), 선미(船尾)란 무엇인가?

배의 앞부분, 배의 뒷부분

> **참고**
>
> 선박의 흘수는 배를 건조할 때에 선수와 선미에 표시함

26 Tare Weight란 무엇인가?

빈 컨테이너의 무게

27 Maximum Gross Weight란?

최대적재적량(화물무게+컨테이너무게)

28 Payload란?

운임의 대상이 되는 화물의 중량을 말함. 컨테이너 수송의 경우 총중량에서 컨테이너 자체의 무게를 공제한 무게임

29 검수표를 영어로 말하시오.

Tally Sheet

30 1등항해사를 영어로 표현하시오.

a first officer, Chief

31 Liquid Cargo와 Bulk Cargo의 차이를 말하시오.

- 액체화물(Liquid Cargo) : 병, 통, 탱크 등에 들어있는 액체 또는 반액체의 화물로서 약액, 주류 등이다. 이들 화물에는 누손, 발산, 오손 등의 위험이 있다(액상화물이라고도 함).
- 산적화물(Bulk Cargo) : 곡물, 광석 등 포장을 하지 않은 상태로 운송하는 화물로서 주로 원자재가 이에 해당되며 부정기선 화물 대부분이 이에 속한다(살화물, 산화물이라고도 함).

32 Glass with Care란?

유리제품으로, 주의하시오.

33 Tare의 뜻은?

빈 컨테이너의 무게

34 kilo ton, short ton, long ton, lbs 중 단위가 가장 큰 것은?

long ton

> **참고**
> - 1long ton = 1.0160474kilo ton
> - 1long ton = 1.12short ton
> - 1long ton = 2,240lbs

제3장 최신기출복원문제

01 검수에 관한 일반적 지식

01 항만운송사업법의 내용으로 옳지 않은 것은?

① 항만운송사업이란 영리를 목적으로 항만운송을 하는 사업을 말한다.
② 항만운송사업에는 항만하역사업, 검수사업, 감정사업, 검량사업이 있다.
③ 항만운송관련사업에는 항만용역업, 물품공급업, 선박급유업, 컨테이너수리업이 있다.
④ 항만운송사업을 하려는 자는 항만운송사업의 종류별로 해양수산부장관에게 등록하여야 한다.

02 ( )에 들어갈 용어로 옳은 것은?

> '검수'란 선적화물을 싣거나 내릴 때 그 화물의 (ㄱ)을(를) 계산하거나 그 화물의 (ㄴ)을(를) 증명하는 일을 말한다.

① ㄱ : 무게, ㄴ : 손상
② ㄱ : 개수, ㄴ : 인도·인수
③ ㄱ : 무게, ㄴ : 인도·인수
④ ㄱ : 개수, ㄴ : 손상

03 컨테이너 화물 검수작업에 관한 설명으로 옳지 않은 것은?

① 컨테이너 하역작업시 입회하여 컨테이너를 점검·확인한다.
② CFS에서의 적출·입 작업에 입회하여 화물의 수량, 기호, 품명, 외장상태를 확인한다.
③ 하역작업 중 컨테이너 파공 등의 손상 발생시 침수방지를 위한 응급조치를 한다.
④ 컨테이너인수증을 발행하여 터미널 운영사의 효율적인 자산관리에 도움을 준다.

04 검수방법에 관한 설명으로 옳은 것은?

① Mark Tally : 선적지시서 상에 기재된 화물의 기호, 개수 등의 상태를 확인한 결과를 검수표에 기재하는 방법
② Stick Tally : 화물의 기호와 화물별 번호를 확인하여 개수를 계산하는 방법
③ Check Book Tally : 계수기를 이용하여 화물의 개수를 확인하는 방법
④ Pile Tally : 하역용기 내 화물의 평균중량과 하역작업 횟수를 검수표에 기재하는 방법

05 특수화물에 속하지 않는 것은?

① 부패성 화물(Perishable Cargo)
② 거친 화물(Rough Cargo)
③ 냉장 화물(Refrigerated Cargo)
④ 고가 화물(Valuable Cargo)

06 '부서지기 쉬움'을 의미하는 주의표시는?

① Keep flat
② Inflammables
③ Fragile with care
④ Do not drop

3 ④ 4 ① 5 ② 6 ③ **정답**

07 컨테이너선에 바로 선적하기 위하여 컨테이너를 임시로 정렬해두는 부두 내 넓은 장소는?

① 에이프런(Apron)
② 컨테이너 프레이트 스테이션(Container Freight Station)
③ 선석(Berth)
④ 마샬링야드(Marshalling Yard)

08 화물선적 중 일어나는 화물사고가 아닌 것은?

① 화물창 통풍불량으로 인한 손상
② 부적절한 하역장비의 사용으로 인한 손상
③ 하역인부의 부주의로 인한 손상
④ 부적절한 작업방법으로 인한 손상

09 '외부는 파손되었으나 내용물은 완전함'을 의미하는 적요는?

① Broken and repaired
② Broken contents intact
③ Broken contents in
④ Broken down

10 현재적요(Conditional Remark)의 내용으로 옳지 않은 것은?

① 3C/S over in dispute : 3상자 초과 논쟁
② 15BGS short in dispute : 15포대 부족 논쟁
③ No space 10 BGS shut out : 시간이 없어 10포대는 적재 못함
④ 8BGS over loaded : 8포대 과다 적재

11 본선 검수작업시 지켜야 할 유의사항으로 옳지 않은 것은?

① 검수원은 해치커버나 빔이 적재되어 있는 위를 통행해서는 아니 된다.

② 검수원은 와이어, 화물네트, 슬링 등의 하역기구 위를 통행해서는 아니 된다.

③ 검수원은 화물의 낙하, 흔들림, 하역기계의 케이블 등을 확인한 후에 통행한다.

④ 검수원은 하역 중 돌발사고가 일어날 수 있으므로 하역작업이 모두 끝난 다음에 검수를 하여야 한다.

12 5,000lbs의 화물을 M/T로 환산하면 얼마인가?

① 약 2.3

② 약 5.0

③ 약 7.5

④ 약 10.0

13 갑판적재시 위험물 상호간격 거리가 필요 없는 것끼리 연결된 것은?

① 화약류 - 고압 가스류

② 가연성 고체류 - 유독성 물질류

③ 산화성 물질류 - 방사성 물질류

④ 독물류 - 산화성 물질류

14 컨테이너화(Containerization)의 장점이 아닌 것은?

① 하역시간 절감

② 물류비용 절감

③ 운송품목의 단일화

④ 선하증권의 신속발행

15 20Ft Dry Container의 Tare Weight가 2.26톤이며, Maximum Gross Weight가 24톤일 때, Maximum Payload는?

① 17.56톤 ② 19.85톤
③ 21.74톤 ④ 23.63톤

16 다음의 컨테이너 화물적요에 관한 설명으로 옳지 않은 것은?

> Right door no seal, resealed on board (Reseal #1335)

① 우측문의 봉인이 없다. ② 육상에서 재봉인을 하였다.
③ 재봉인 번호는 1335번이다. ④ 최초 봉인 번호는 알 수 없다.

17 다음에서 설명하는 운송형태는?

> 단일 송화인의 화물을 단일 수화인에게 보내는 경우로 컨테이너 운송의 장점을 최대로 살려 수출상의 공장이나 창고에서 일괄 운송하는 것

① CY/CY ② CY/CFS
③ CFS/CY ④ CFS/CFS

18 ( )에 들어갈 서류를 순서대로 나열한 것은?

> 수출화물을 검수할 때는 먼저 선박회사에서 ( )을(를) 수령하고, 그 화물이 CFS에 도착할 때 부두수취증과 ( )을(를) 확인하여 화물의 개수와 기호를 대조 확인한다.

① 수화목록, 수출허가서 ② 선하증권, 적하목록
③ 선적지시서, 인도지시서 ④ 선적의뢰서, 수출허가서

19 화물의 과·부족이 생겼을 경우 선하증권에 첨부하는 서류는?

① Cargo Damage Report

② Head Checker's Daily Operation Report

③ Cargo Over Landed/Short Landed Report

④ Cargo Outturn Report

20 해수면에서 선박의 맨 밑부분까지의 수직거리는?

① Freeboard

② Starboard

③ Air Draft

④ Draft

21 컨테이너 적재위치번호 "060408"이 나타내는 의미는?

① Slot No. 06, Bay No. 02, Tier No 08

② Bay No. 06, Slot No. 04, Tier No. 08

③ Slot No. 06, Tier No. 04, Bay No 08

④ Tier No. 06, Bay No. 04, Slot No. 08

22 적요에 사용되는 용어와 그 의미의 연결로 옳지 않은 것은?

① Adrift - 떨어져 나간 것

② Bent - 굽은 것

③ Chafed - 마찰로 깎인 것

④ Dented - 주름진 것

23 '벽면이 찢어져서 화물이 심하게 젖었음'을 나타내는 적요는?

① Side Wall holed, cargo slightly wet

② Side Wall scratched, cargo few wet

③ Side Wall torn, cargo heavily wet

④ Side Wall twisted, cargo partly wet

24 컨테이너의 손상상태를 기입할 때 사용하는 서류는?

① Stowage Plan

② Loading Container list

③ Manifest

④ Sequence Tally Sheet

25 기계류와 같이 부피가 큰 중량화물 운송에 적합한 컨테이너는?

① Dry Container

② Reefer Container

③ Flat Rack Container

④ Solid Bulk Container

02 영어

26 밑줄 친 부분과 의미가 같은 것은?

> You should <u>put on</u> a safety hat and you work safely.

① take off　　　　　② move

③ receive　　　　　④ wear

27 ( )에 들어갈 단어로 옳은 것은?

> A ( ) is a person, especially a man, in charge of a group of workers.

① wiper   ② sailor
③ checker   ④ foreman

28 ( )에 들어갈 단어로 옳은 것은?

> How many tons are we going to ( )?
> 검수할 물량이 얼마입니까?

① take   ② weigh
③ check   ④ work

29 ( )에 들어갈 단어로 옳은 것은?

> If the container is not loaded at the fixed bay, the checker should stop the work right away and inform the (A) or the (B).
> ㄱ. foreman   ㄴ. chief engineer
> ㄷ. chief officer   ㄹ. boatswain

① A : ㄱ, B : ㄴ   ② A : ㄱ, B : ㄷ
③ A : ㄴ, B : ㄷ   ④ A : ㄴ, B : ㄹ

30 Shipping order에 기입되지 않는 것은?

① Shipper   ② Shipowner Name
③ Port of Loading   ④ Voyage No.

27 ④ 28 ③ 29 ② 30 ②   **정답**

31 검수보고서의 Remark에 기재된 내용과 그 의미로 옳지 않은 것은?

① MARKS INDISTINCT - 화표가 불명료함
② 1C/S DAMAGED, WEIGHING 70lbs – 1상자 파손, 중량 70파운드
③ 3C/S CRUSHED, CONTENTS EXPOSED – 3상자 녹슬었음, 내용품 노출
④ 10BLS STAINED AND CONTENTS MORE OR LESS PUTREFIED OR ROTTEN
   – 10배일 오손, 내용품은 다소 썩었음

32 ( )에 들어갈 단어로 옳은 것은?

> A ( ) is a person who works in the docks, loading and unloading ships.

① shipowner   ② pilot
③ longshoreman   ④ charterer

33 다음 중 옳게 짝지어진 것은?

① Delivery Order – 화물인도증
② Boat Note – 화도지시서
③ Bill of Lading – 적화목록
④ Weight and Measurement Certificate – 검량증명서

34 Dirty Cargo에 해당하는 화물을 모두 고른 것은?

> ㄱ. Rawhide   ㄴ. Carbon
> ㄷ. Cotton   ㄹ. Truck

① ㄱ, ㄴ   ② ㄱ, ㄷ
③ ㄱ, ㄴ, ㄹ   ④ ㄱ, ㄴ, ㄷ, ㄹ

35 "10포대 부족하게 적재되었음"의 Remark 기재사항으로 옳은 것은?

① 10BGS SHORT SHIPPED
② 10C/S SHORT LOADED
③ 10PCS SHORT DISCHARGED
④ 10BLS SHORT DELIVERED

36 주의표시(Care Mark)와 그 의미가 옳지 않은 것은?

① Never lay flat – 수평적재
② To be kept upright – 세워둘 것
③ Handle with care – 취급주의
④ No upside down – 거꾸로 들지 말 것

37 다음 문장이 설명하는 것은?

> It's the time a ship expects to depart from the port.

① LMT
② ETD
③ UTC
④ ETA

38 (   )에 들어갈 단어로 옳은 것은?

> The mate's receipt is a document signed by (   ) when goods come on board.

① the consigner
② the shipowner
③ the first engineer
④ the chief officer

39 "헤어질 때"의 인사말로 적절한 것은?

① I haven't seen you for ages.

② What's up?

③ May I introduce myself to you?

④ Let's keep in touch.

40 다음 내용이 설명하는 것은?

> A system to allow you to electronically correspond with person(s)

① Correspondence ② E-mail

③ Business english ④ Tally sheet

41 "What's the date today?"에 대한 대답으로 적절한 것은?

① It's ten to eight.

② It's Monday.

③ It's May 3.

④ I have a date at three.

42 다음 내용이 설명하는 것은?

> A store where goods are kept until the duty has been paid

① Anchorage ② Bonded warehouse

③ Customs house ④ Cargo hold

43 "When will you be free?"에 대한 대답으로 적절하지 않은 것은?

① Here is smoke free.

② It's up to you.

③ I'm available after two today.

④ I'm sorry, but I'll be busy today.

44 "The checker records the confirmed container on the sequence tally sheet"의 의미는?

① 검수원은 컨테이너의 내용물을 확인하여 컨테이너 검수표에 기록합니다.

② 검수원은 컨테이너의 최종 목적지를 확인하여 컨테이너 검수표에 기록합니다.

③ 검수원은 확인된 컨테이너 하역장치를 컨테이너 검수표에 기록합니다.

④ 검수원은 확인된 컨테이너를 컨테이너 검수표에 기록합니다.

45 여러 화주의 화물을 한 컨테이너에 혼재하여 적입하는 장소는?

① CY

② CFS

③ LCL

④ FCL

46 검수업무와 관련된 용어의 해석이 옳지 않은 것은?

① Liquid cargo – 액체화물

② Lengthy cargo – 장척화물

③ General cargo check – 공동화물 검수

④ Dangerous goods check – 위험화물 검수

47 "Since iron plates is recorded on shipping remark, we will check it by checkbook tally"의 의미는?

① 강재는 선적화인에 표시되기 때문에 체크북 검수방법으로 할 것이다.
② 강재는 선적화인에 표시되기 때문에 체크북 검수방법 이외의 검수방법으로 할 것이다.
③ 강재는 선적적요에 기록되기 때문에 체크북 검수방법으로 할 것이다.
④ 강재는 선적적요에 기록되기 때문에 체크북 검수방법 이외의 검수방법으로 할 것이다.

48 "너울은 앞으로 12시간 이내에 높아질 것이다"의 영문표현으로 옳은 것은?

① Swell is expected to increase within the next 12hours.
② Swell is expected to decrease within the next 12hours.
③ Swell is expected to increase after the next 12hours.
④ Swell is expected to decrease after the next 12hours.

49 다음 내용이 설명하는 것은?

> The person entitled to take the delivery of the goods at the final destination of the carriage

① shipowner ② carrier
③ charterer ④ consignee

50 "7BAGS SLIGHTLY MOIST"의 의미는?

① 7포대가 약간 습기 찼다.
② 7포대가 약간 찢어졌다.
③ 7포대가 약간 말랐다.
④ 7포대가 약간 휘어졌다.

참 / 고 / 문 / 헌

• 이병완, 검수실무, (주)해양공사, 2000, 8

• 차중곤, 국제물류의 이해, 대진, 2007, 1

• 윤광운, 무역실무입문, 삼영사, 2006, 2

• 양시권, 김순갑, 선박적하, 해양대, 1995, 2

• 고정한, 검수실무, 한국항만연수원, 2010, 2

• 남영우 외 5명, 항만하역기초, 한국항만연수원, 2008, 12

• 고정한 외 3명, 컨테이너 하역실무, 한국항만연수원, 2006, 3

• 하명신, 류동근, 박경희, 최홍엽, 항만물류론, 다솜출판사, 2003, 9

• 하명신, 최홍엽, 박경희, 손정기, 항만물류의 이해, 삼영사, 2007, 9

검수사 한권으로 끝내기

개정10판1쇄 발행	2023년 05월 10일 (인쇄 2023년 03월 09일)
초 판 발 행	2011년 06월 15일 (인쇄 2011년 04월 29일)
발 행 인	박영일
책 임 편 집	이해욱
편 저	이상민
편 집 진 행	윤진영
표지디자인	권은경 · 길전홍선
편집디자인	정경일 · 이현진
발 행 처	(주)시대고시기획
출 판 등 록	제10-1521호
주 소	서울시 마포구 큰우물로 75 [도화동 538 성지 B/D] 9F
전 화	1600-3600
팩 스	02-701-8823
홈 페 이 지	www.sdedu.co.kr
I S B N	979-11-383-4924-6(13320)
정 가	27,000원